HERDER / SPEKTRUM *MEISTERDENKER*

HERDER / SPEKTRUM

Band 4931

Das Buch

Arthur Schopenhauer (1788–1860) gehört zweifellos zu den wenigen Philosophen, die stilistisch brillant geschrieben haben. Margot Fleischer skizziert Lebensweg, Werk und Persönlichkeit Schopenhauers. Im Mittelpunkt ihrer Einführung steht die prägnante Darstellung seines metaphysischen Systems, das er schon mit 30 Jahren in seinem Hauptwerk „Die Welt als Wille und Vorstellung" formuliert hat. Dabei wird – vor dem Hintergrund seiner Auseinandersetzung mit Kant und seiner Anknüpfung an Platon und an altindische Weisheit – die Originalität seines Denkens deutlich. Es entsteht das spannende Porträt eines herausfordernden, eigenwilligen Denkers, der in manchem seiner Zeit voraus war und von dem sich Philosophen und viele Künstler, z. B. Wagner, Nietzsche, Thomas Mann und Wittgenstein, inspirieren ließen.

Die Autorin

Margot Fleischer ist em. Professorin für Philosophie an der Universität-Gesamthochschule Siegen. Zu ihren Veröffentlichungen zählen Bücher über antike griechische Philosophie sowie über Nietzsche, Heidegger, Camus und zur Geschichte des Wahrheitsproblems; sie ist Herausgeberin des Sammelbandes „Philosophen des 20. Jahrhunderts" und Mitherausgeberin der „Philosophen des 19. Jahrhunderts".

Margot Fleischer

Schopenhauer

Herder

Freiburg · Basel · Wien

Gedruckt auf umweltfreundlichem,
chlorfrei gebleichtem Papier

Originalausgabe

Alle Rechte vorbehalten – Printed in Germany
© Verlag Herder, Freiburg im Breisgau 2001
Lektorat: Lukas Trabert
Satz: DTP-Studio Helmut Quilitz, Denzlingen
Druck und Bindung: Freiburger Graphische Betriebe 2001
Umschlaggestaltung: Joseph Pölzelbauer
Umschlagmotiv: Gemälde von Julius Lunteschütz, 1855,
Nürnberg, Städtische Galerie, Bildarchiv Herder
ISBN 3-451-04931-7

Inhalt

Vorwort

Von den drei Teilen dieses kleinen Buches über Schopenhauer ist der zweite, der mit Schopenhauers philosophischem System bekannt macht, sicher der wichtigste. Der Aufbau der Darstellung ist dort von dem System selbst weitgehend vorgezeichnet. In ihrem Zentrum steht der erste Band von Schopenhauers „Hauptwerk", d. h. *der* Band von *Die Welt als Wille und Vorstellung,* der bei der ersten Auflage der einzige war und erst 26 Jahre später, in der zweiten Auflage, durch einen zweiten Band ergänzt wurde. Dieser zweite Band wird nur gelegentlich mit herangezogen. (Das wird dann ausdrücklich vermerkt; wenn *Die Welt als Wille und Vorstellung* ohne Zusatz genannt wird, ist immer der erste Band gemeint.) Stärker zur Geltung gebracht werden Schopenhauers Dissertation *Ueber die vierfache Wurzel des Satzes vom zureichenden Grunde* und seine beiden ethischen Preisschriften. Da die Aufgabe darin besteht, in Schopenhauers Denken einzuführen, wird auf eine Auseinandersetzung mit seiner Philosophie verzichtet (nur selten einmal kommt eine kritische Bemerkung vor).

Im ersten Teil zeigt sich, wie sehr bei Schopenhauer Leben, Werk und Persönlichkeit miteinander verzahnt sind. Soweit in diesem Teil Inhaltliches aus den Schriften mitgeteilt wird, liegt das Schwergewicht auf solchem, das am Rande, ja außerhalb des philosophischen Systems liegt.

Der erste Teil mündet gegen Ende unvermeidlich in die frühe Wirkungsgeschichte Schopenhauers ein. Der dritte Teil knüpft daran an und führt einiges *zur* Wirkungsgeschichte vor Augen; unmöglich wäre es, umfassend *die* Wirkungsgeschichte auch nur zu skizzieren. Der dritte Teil präsentiert, nachdem zunächst allgemein über Schopenhauers Wirkung seit seinem Tod gesprochen worden ist, einige berühmte Rezipienten seines Werks. Schopenhauer erscheint dabei in deren Licht, und es treten auch Facetten Schopenhauers heraus, die in den voraufgegangenen Teilen weniger oder gar nicht erschienen sind. Das geschieht insbesondere durch Thomas Mann – u. a. wenn er Schopenhauer bescheinigt, ein „schriftstellerisches Genie" zu sein.

Die „Literaturhinweise zum Weiterlesen" verzeichnen zunächst „Quellen"; hier wird auch mitgeteilt, nach welcher Werkausgabe Schopenhauer zitiert wird, ferner *wie* die Quellen zitiert werden. Die Angaben unter „Weitere Literatur" sind den drei Teilen des Buches gemäß gegliedert; weiteres Ordnungsprinzip ist das Erscheinungsjahr der Publikation bzw. der genannten Auflage. Ein besonderer Akzent liegt auf den Hinweisen zu Teil II, bei denen die erwähnten Schriften (auch andere Interpretationsansätze darin) kurz vorgestellt werden. Einigen Autoren, die in den Hinweisen zu Teil I und Teil III vorkommen, habe ich Informationen zu danken; dies sei hier vor allem mit Rücksicht auf diejenigen Forscher vermerkt, die nicht zitiert werden.

Der „Index" bezieht sich nur auf die Teile I bis III. In diesen Teilen genannte Herausgeber und Übersetzer sowie Briefadressaten, die lediglich zur Vervollständigung eines Zitatnachweises erwähnt werden, wurden nicht aufgenommen. Die Aufnahme genannter Schriften wurde auf Werke Schopenhauers und Kants beschränkt.

I. Leben, Werk, Persönlichkeit

Als Schopenhauer, 23 Jahre alt, Christoph Martin Wieland in Weimar besuchte, soll er dem alten Herrn gegenüber seinen Entschluß, Philosoph zu werden, mit den Worten bekräftigt haben: „Das Leben ist eine mißliche Sache, ich habe mir vorgesetzt, es damit hinzubringen, über dasselbe nachzudenken" (*Gespräche*, S. 22). Diese Äußerung wird von Schopenhauer-Biographen und -Interpreten gern als besonders charakteristisch zitiert. Und charakteristisch für den Menschen und Philosophen Schopenhauer ist sie tatsächlich, wenngleich man sagen darf, daß Schopenhauers eigenes Leben in der einen und anderen Phase sowie in mancher Beziehung durchaus noch ‚mißlicher' hätte sein können. Wie denn auch das Betrachten der ‚mißlichen Sache Leben' und der Welt, die Schopenhauer für die schlechteste aller möglichen Welten hielt (darüber später mehr), Befriedigung, ja man darf sagen Glück in sein Leben gebracht hat. Denn Schopenhauer spricht auch und gerade von sich selbst, wenn er in den „Aphorismen zur Lebensweisheit" sagt: „der mit überwiegenden Geisteskräften ausgestattete Mensch [hat] ein gedankenreiches, durchweg belebtes und bedeutsames Daseyn: würdige und interessante Gegenstände beschäftigen ihn, sobald er sich ihnen überlassen darf, und in sich selbst trägt er eine Quelle der edelsten Genüsse. […] Ein so bevorzugter Mensch führt, in Folge davon, neben seinem persönlichen Leben, noch ein zweites, nämlich ein intellektuelles, welches ihm allmälig zum eigentlichen Zweck wird, zu welchem er jenes erstere nur noch als Mittel ansieht; während den Uebrigen dieses schaale, leere und betrübte Daseyn selbst als Zweck gelten muß. Jenes intellektuelle Leben wird daher ihn vorzugsweise beschäftigen, und es erhält, durch den fortwährenden Zuwachs an Einsicht und Erkenntniß, einen Zusammenhang, eine beständige Steigerung, eine sich mehr und mehr abrundende Ganzheit und Vollendung, wie ein werdendes Kunstwerk" (8, 369 f.).

Arthur Schopenhauer wurde am 22. Februar 1788 als erstes Kind des erfolgreichen Kaufmanns Heinrich Floris Schopenhauer und dessen Ehefrau Johanna Henriette, geb. Trosiener, in Danzig geboren. Als und weil Danzig 1793 preußisch wurde, verlegte der Vater Geschäft und Wohnsitz nach Hamburg und nahm dafür erhebliche finanzielle Verluste in Kauf. 1797 wurde die Familie durch die Geburt von Schopenhauers Schwester Adele vervollständigt.

Von 1797 bis 1799 verbrachte Schopenhauer zwei glückliche Knabenjahre in der Familie eines Geschäftsfreundes des Vaters in Le Havre. Er befreundete sich mit dem gleichaltrigen Sohn des Hauses und wurde der französischen Sprache mächtig. Nach Hamburg zurückgekehrt, ging er in eine Privatschule, deren Lehrplan auf die Heranbildung künftiger Kaufleute abgestellt war. Der Vater war nämlich fest entschlossen, den Sohn Kaufmann werden zu lassen. Deshalb auch begegnete er dem bald aufkommenden Wunsch Arthurs, ein Gymnasium zu besuchen und später studieren zu können, mit einer klug berechneten List. Er ließ ihn wählen: Entweder darf er in ein Gymnasium eintreten, oder er darf mit den Eltern mehrere Jahre durch Europa reisen, muß dann aber anschließend eine kaufmännische Lehre machen. Arthur konnte der Verführung, reisend die Welt kennenzulernen, nicht widerstehen. Nachdem er schon im Sommer 1800 die Eltern bis nach Karlsbad und Prag begleitet hatte, reiste er 1803 und 1804 mit ihnen durch Holland, England, Frankreich, die Schweiz, Österreich sowie nach Danzig; während des Englandaufenthaltes war er drei Monate in Wimbledon, um Englisch zu lernen. (Auch in dieser Sprache war er zeitlebens zu Hause, wie er denn zum regelmäßigen Leser der *Times* wurde.) Für den Gewinn, den ihm das Reisen brachte (darunter Naturerlebnisse, Theaterfreuden, Museumseindrücke), zahlte er anschließend den Preis: die kaufmännische Lehre, höchst unbefriedigend für ihn und nur durch das heimliche Lesen klassischer Schriftsteller wohl gerade noch zu ertragen. Doch immerhin, als 1805 der Vater ertrank (vermutlich war es Selbstmord) und 1806 die Mutter mit Adele Hamburg den Rücken kehrte und nach Weimar zog, fühlte Schopenhauer sich gebunden an den Handel mit dem Vater (Kaufmannslehre als Gegengabe für Europareise); er setzte die Lehre in Hamburg fort, obwohl die Mutter die Firma des Vaters aufgegeben hatte. Dann jedoch, 1807, war es endlich soweit: Schopenhauer, inzwischen 19 Jahre alt, faßte den Entschluß (zu dem seine Mutter hilfreich beitrug), die Lehre vorzeitig zu beenden und durch das Nachholen der gymnasialen Bildung die Voraussetzung für ein Hochschulstudium zu erbringen.

Er ging dafür zunächst nach Gotha, besuchte das Gymnasium und erhielt Privatstunden in der lateinischen Sprache. Weil er einen Lehrer verspottet hatte, kam es noch in demselben Jahr dazu, daß er dies Gymnasium und Gotha verließ. Sein Weg führte ihn weiter nach Weimar. Mit Engagement und Fleiß schaffte er es, in zwei Jahren das in der Schulbildung Versäumte auf den geforderten Gebieten nachzuholen. Zu den früher erworbenen Sprachkenntnissen (Französisch und Englisch) kam nun die Beherrschung des Griechischen und Lateinischen hinzu, zu der ihm ausgezeichneter Privatunterricht verhalf. (Später lernte Schopenhauer auch noch Italienisch und Spanisch.) Selbständig las er antike Schriftsteller und erarbeitete er sich Kenntnisse in Mathematik und Geschichte.

Der Eifer des Lernens schloß aber anderes nicht aus. Hübscher (1988, S. 33) weiß über diese Weimarer Zeit zu berichten: „Er ritt und focht und musizierte, er war auf Bällen, Maskeraden und Schlittenfahrten zu finden, er besuchte die Gesellschaften seiner

Mutter, [...] er sah die Vorstellungen des Weimarer Theaters" – und er verliebte sich leidenschaftlich in dessen gefeierte Schauspielerin Caroline Jagemann, die damals allerdings mit Herzog Karl August liiert gewesen sein soll.

Das Verhältnis zwischen Mutter und Sohn war (auch) in diesen Weimarer Jahren Schopenhauers gespannt. Sie waren zwei höchst verschiedene Persönlichkeiten, die sich freilich darin ähnelten, daß sie im Umgang miteinander kein Blatt vor den Mund nahmen. Johanna Schopenhauer hatte sich in Weimar rasch eine bedeutende gesellschaftliche Stellung verschafft. Sie, die als Reise- und Romanschriftstellerin (vorübergehend) populär werden sollte, machte ihr Haus zu einem literarischen Salon, in dem sich angesehene Persönlichkeiten einfanden, darunter Goethe, Christoph Martin Wieland, Zacharias Werner. An diesen zweimal wöchentlich stattfindenden Gesellschaften durfte Arthur teilnehmen, aber daß er bei ihr wohnte, wollte die Mutter damals nicht. Ohne Rücksicht auf Verluste ließ sie ihn am 13. 12. 1807 brieflich wissen, wie sehr er sie nervte: „Es ist zu meinem Glücke nothwendig zu wissen daß Du glücklich bist, aber nicht ein Zeuge davon zu seyn. Ich habe Dir immer gesagt, es wäre sehr schwer mit Dir zu leben, und je näher ich Dich betrachte je mehr scheint diese Schwierigkeit für mich wenigstens zuzunehmen. Ich verhehle es Dir nicht, so lange Du bist wie Du bist, würde ich jedes Opfer eher bringen als mich dazu entschließen. Ich verkenne Dein Gutes nicht, auch liegt das, was mich von Dir zurückscheucht nicht in Deinem Gemüth, nicht in Deinem innern, aber in Deinem Wesen in Deinem Aeußern, Deine[n] Ansichte[n], Deine[n] Urtheile[n], Deine[n] Gewohnheiten, kurz ich kann mit Dir in nichts was die Außenwelt angeht, übereinstimmen, auch Dein Mismuth ist mir drückend und verstimmt meinen heitern Humor, ohne daß es Dir etwas hilft. Sieh, lieber Arthur, Du bist nur auf Tage bey mir zum Besuche gewesen, und jedesmahl gab es heftige Scenen, um nichts und wieder nichts, und jedesmahl athmete ich erst frey

12

wenn du weg warst, weil Deine Gegenwart, Deine Klagen über unvermeidliche Dinge, Deine finstern Gesichter, Deine bizarren Urtheile, die wie Orakel Sprüche von Dir ausgesprochen werden, ohne daß man etwas dagegen einwenden dürfte mich drückten… Alle Mittage um ein Uhr kommst Du und bleibst bis drey, dann sehe ich Dich den ganzen Tag nicht mehr, außer an meinen Gesellschaftstagen wozu Du kommen kannst wenn Du willst, auch an den beyden Tagen Abends bey mir essen kannst, wenn du Dich dabey des leidigen Disputirens etc. das mich auch verdrüslich macht, wie auch alles Lamentirens über die dumme Welt und das menschliche Elend Dich enthalten willst, weil mir das immer eine schlechte Nacht und üble Träume macht, und ich gern gut schlafe" (zitiert nach Hübscher, 1988, S. 30 f.).

Mit 21 Jahren volljährig geworden, erhielt Schopenhauer seinen Teil des vom Vater vererbten Vermögens. Das Erbe gewährte ihm für sein ganzes Leben finanzielle Unabhängigkeit. (Diese geriet zwar in Gefahr, als 1819 das Danziger Handelshaus Muhl, bei dem ein Teil des Vermögens angelegt worden war, zusammenbrach; Schopenhauer gelang es aber, durch zweijähriges geschicktes Taktieren den Schaden von sich abzuwenden. Später erlitt er allerdings dann doch durch eine falsche Geldanlage eine finanzielle Einbuße.)

Im Oktober 1809 ging Schopenhauer zum Studium nach Göttingen. Er immatrikulierte sich für Medizin und studierte in seinem ersten Semester vor allem naturwissenschaftliche Fächer. Im zweiten Semester wechselte er von der Medizin zur Philosophie, aber immer noch und weiterhin (auch später in Berlin) waren ihm naturwissenschaftliche Lehrveranstaltungen wichtig. Sein in diese Richtung gehendes Interesse und seine diesbezüglich erworbenen Kenntnisse blieben für sein Denken von Bedeutung. In seinem Göttinger Philosophiestudium war Gottlob Ernst Schulze für ihn entscheidend. Dieser riet ihm mit Erfolg, Kant und Platon zu studieren, und konnte nicht wissen, wie sehr dadurch eine

Weichenstellung für Schopenhauers eigene Philosophie vollzogen war. Schopenhauers Wißbegier führte ihn in Göttingen auch in Vorlesungen über Mathematik, Geschichte und Ethnographie.

Zum Wintersemester 1811 verließ Schopenhauer Göttingen, um an der (erst 1809 gegründeten) Berliner Universität sein Studium fortzusetzen. Daß Fichte dort lehrte, war für diesen Schritt ausschlaggebend gewesen. In seiner hohen Erwartung Fichte gegenüber fand Schopenhauer sich aber bald sehr enttäuscht, und was Verehrung hätte sein oder bleiben sollen, schlug um in Hohn. Auch zu Schleiermacher, den er ebenfalls in Berlin hörte, ging er auf Distanz.

Seine Studieninteressen in den Berliner Jahren von 1811 bis 1813 waren wieder breit gefächert. Besonderer Erwähnung wert ist der Tatbestand, daß er Psychiatrie bzw. den Wahnsinn ‚vor Ort‘ studierte: Mehrfach hatte er Zugang zur Irrenabteilung der Berliner Charité. Bemerkenswert ist auch, daß er zu den von ihm besuchten und beobachteten Patienten offensichtlich einen Kontakt herstellte, der sie menschlich berührt sein ließ.

Die Kriegswirren des Jahres 1813 ließen es Schopenhauer geraten erscheinen, Berlin zu verlassen. Über Weimar, wo es zur Auseinandersetzung mit der Mutter kam, begab er sich ins abgelegene Rudolstadt und verfaßte seine Dissertation *Ueber die vierfache Wurzel des Satzes vom zureichenden Grunde*, auf Grund deren er im Oktober 1813 von der Philosophischen Fakultät der Jenaer Universität in Abwesenheit promoviert wurde und die sogleich auch im Druck erschien (1813). Diese innerhalb seines Gesamtwerkes wichtige frühe Schrift wird hier in Teil II zur Geltung gebracht werden.

Ein Exemplar schickte Schopenhauer unverzüglich an Goethe, der ihn bis dahin in Johanna Schopenhauers Salon kaum beachtet hatte, nun aber Interesse an ihm fand. Schopenhauer ging jetzt (1813) wieder nach Weimar, und es kam zu intensiveren Kontakten zwischen beiden. Schopenhauer besuchte Goethe bis zum

Mai 1814 etwa achtmal, und danach korrespondierten beide noch eine Zeitlang miteinander. Schopenhauer bewunderte Goethe, und daß dieser sich jetzt für ihn aufgeschlossen zeigte, muß ihn beglückt haben (bei der Beglückung konnte es allerdings nicht bleiben, wie sich bald zeigen wird). Hauptsächlich ging es bei ihrem Gedankenaustausch um Farbenlehre. Goethe hatte zu Newton eine Gegenposition eingenommen, indem er das weiße Licht nicht für aus Farben zusammengesetzt, sondern für einfach hielt und das Entstehen der Farben auf die Beschaffenheit des jeweiligen Mediums zurückführte. Schopenhauer konnte sich in dieser Frage grundsätzlich für Goethe und gegen Newton entscheiden, was für die Gespräche natürlich günstig war. Aber er gelangte auch zu eigenen, von Goethes Auffassungen abweichenden Vorstellungen, und seine Verehrung für Goethe hinderte ihn keineswegs, im Gespräch diese auch vorzubringen. Goethe war darüber nicht gerade begeistert, und er reimte in dieser Situation: „Trüge gern noch länger des Lehrers Bürden; / Wenn Schüler nur nicht gleich Lehrer würden" (zitiert nach Hübscher, 1988, S. 53). Doch es sollte noch schlimmer kommen. Schopenhauer schrieb, inzwischen nach Dresden übersiedelt, *seine* Farbenlehre, die Schrift *Ueber das Sehn und die Farben* (erschienen 1816), in der Abweichungen von Goethes Farbenlehre zu Papier gebracht waren. Er schickte das Manuskript vor der Drucklegung an Goethe. Dabei leitete ihn nicht zuletzt der Wunsch, Goethe möge sich für die Publikation der Schrift einsetzen und zu ihrem Erfolg beitragen. Nach acht Wochen beklagte Schopenhauer sich brieflich bei Goethe, daß ihm nicht einmal der Eingang der Sendung bestätigt worden war. In diesem Brief an Goethe vom 3. 9. 1815 ist zu lesen: „was ich denke, was ich schreibe, das hat für mich Werth und ist mir wichtig [...]. Dieserhalb ist es mir peinlich und beunruhigend, eine Handschrift von mir seit acht Wochen aus meinen Händen zu wissen und noch nicht einmal völlige Gewißheit zu haben, daß sie dahin gelangt ist, wohin allein ich sie geben mochte, und wenn auch dies gleich höchst wahrscheinlich ist, wenigstens nicht zu wissen ob sie gelesen, ob gut aufgenommen ist, kurz, wie es ihr geht. Mir ist diese Ungewißheit über etwas das zu dem gehört, was mir allein wichtig ist, unangenehm und quälend, ja in manchen Augenblicken kann meine Hypochondrie hier Stoff zu den widrigsten und unerhörtesten Grillen finden", und es folgt die Bitte, die Schrift „nunmehr zurückzuschicken, mit oder ohne Bescheid" und „anzuzeigen, ob außer Ihnen irgend jemand sie gelesen hat, oder gar eine Abschrift davon genommen ist" (*Briefe*, S. 16). Goethe, auf Reisen, bestätigte den Eingang des Manuskripts nun rasch (vgl. *Briefe*, S. 493 f.) und ließ etwa sechs Wochen später die eigentliche Antwort folgen. Sie ist freundlich anerkennend, was Schopenhauer als „ein selbstdenkendes Individuum" betrifft, aber für die Sachfragen verweist Goethe an eine andere Persönlichkeit, da es ihm selbst zur Zeit nicht möglich sei, sich „wieder in die sonst so geliebte und betretene Region zu versetzen" (*Briefe*, S. 494). Schopenhauer wollte sich damit nicht zufriedengeben. Er schickte Goethe am 11. 11. 1815 einen sehr langen Brief (*Briefe*, S. 18–23), dessen Absicht in die Worte gefaßt ist: „Daß Ew. Excellenz sich vielleicht bewegen lassen, meinem Kindlein nochmals huldreich in die Augen zu schauen, ehe Sie in letzter Instanz abschlagen, bei ihm zu Gevatter zu stehn" (S. 22). Goethe ließ sich *nicht* dazu bewegen, bei dem Kindlein Gevatter zu stehen, und manches in jenem Brief Schopenhauers dürfte Goethe nicht geschmeckt haben. Schopenhauer schreibt: „Ich glaube sehr fest, daß Ew. Excellenz mir Ihren Beifall nicht, wie jetzt, mit einem gewissen Widerstreben, nicht mehr auf meine Person als auf mein Werk gerichtet ertheilen würden, wenn meine Schrift, indem sie eben das leistete und bedeutete wie jetzt, nicht zugleich einigen Nebensätzen Ihrer Farbenlehre widerspräche. – Nothwendig liegt der Irrthum in meinem Werk, oder in Ihrem. Ist ersteres, warum sollten Ew. Exzellenz sich die Befriedigung und mir die Belehrung versagen, durch wenige Worte die

Linie zu ziehn, die in meiner Schrift das Wahre vom Falschen sonderte? – Aber ich gestehe unverholen, daß ich nicht glaube daß eine solche Linie sich ziehen ließe. Meine Theorie ist die Entfaltung eines einzigen untheilbaren Gedankens, der ganz falsch oder ganz wahr seyn muß: sie gleicht daher einem Gewölbe, aus welchem man keinen Stein nehmen kann, ohne daß das ganze einstürzte. Ihr Werk dagegen ist die systematische Zusammenstellung vieler (vorher eben durch die falsche Theorie Newtons theils entstellter, theils verhehlter) und mannigfaltiger Thatsachen: dabei konnte sehr leicht ein kleiner Irrthum mit unterlaufen, und kann eben so leicht, dem Ganzen unbeschadet gehoben werden. […] Wie viel mehr aber wird es in diesem Fall vor Welt und Nachwelt Ihnen zur Ehre gereichen und die Anerkennung Ihres Werkes fördern, wenn jene kleine Irrthümer beiläufig, mit gerechter Schonung und Nachweisung Ihrer Anlässe, in der Schrift eines Ihrer ersten Proselyten, die Sie selbst herausgeben, berichtigt werden, als wenn es den Feinden überlassen bleibt sie mit Gehässigkeit ans Licht zu stellen und herauszuheben" (S. 19). Nach dem Aufführen von drei Differenzpunkten – „kleinen Berichtigungen", wie er versichert (S. 20) – erklärt er: „Ich weiß mit vollkommner Gewißheit, daß ich die erste wahre Theorie der Farbe geliefert habe, die erste, so weit die Geschichte der Wissenschaften reicht […]. Aber ich weiß auch ebenso gewiß, daß ich jenes nimmermehr geleistet haben würde, ohne Ew. Excellenz früheres und größeres Verdienst" (ebd.). Und: „Meine Theorie verhält sich zu Ihrem Werke völlig wie die Frucht zum Baum. – Was aber diese Theorie beitragen kann Ihrer Farbenlehre Gültigkeit und Anerkennung zu verschaffen, das möchte nicht wenig seyn. […] Vergleiche ich Ihre Farbenlehre einer Pyramide, so ist meine Theorie die Spitze derselben, der untheilbare mathematische Punct, von dem aus das ganze große Gebäude sich ausbreitet, und der so wesentlich ist, daß es ohne ihn keine Pyramide mehr ist" (S. 21) – und wenig später: „Darum behaupte ich daß die Bekanntmachung meiner Theorie den Umsturz der Newtoni-schen herbeiführen muß" (ebd.). Man braucht kein Hellseher zu sein, um vorauszusehen, daß die Beziehung zu Goethe endgültig zur Episode werden mußte. Wenn ihr trotzdem hier einiger Raum zugestanden wurde, so deshalb, weil sich dabei manches von Schopenhauers Persönlichkeit zeigte – vor allem sein ausgepräg-tes Selbstbewußtsein; auch seine Entschlossenheit, sich einem ,Großen' gegenüber zu behaupten; eine Instinktlosigkeit dafür, wie Äußerungen auf den Adressaten wirken würden (übrigens ja auch die erklärte Absicht eher vereitelnd als befördernd); eine Ängstlichkeit, hier bezüglich eines möglichen Plagiats Dritter an seiner Schrift (vgl. dazu auch *Briefe*, S. 22f.). Schopenhauer hat seine Farbenlehre ohne Goethes Hilfe veröffentlicht; sie erschien, wie gesagt, 1816. Goethes Verhalten aber hat ihn „sehr ge-schmerzt", wie er ihm 1816 schrieb (*Briefe*, S. 24). Gleichwohl ließ er ihm 1818 von seinem Verleger ein Exemplar seines Haupt-werkes (*Die Welt als Wille und Vorstellung* I) schicken, und in einem versöhnlichen Brief an Goethe heißt es dazu: „Ich kann, nach unsern einstigen philosophischen Dialogen, nicht umhin, mir viel Hoffnung auf Ihren Beifall zu machen, falls Sie noch die Geduld haben, sich in einen fremden Gedankengang hineinzu-lesen" (*Briefe*, S. 35). Goethe hat sich über das Werk, das er zum Teil gelesen hat, zu Schopenhauer nicht geäußert (vgl. Hübscher, 1988, S. 76; zu einem Besuch Schopenhauers bei Goethe 1819 vgl. ebd., S. 77f.).

Der Blick muß noch einmal auf Schopenhauers Aufenthalt in Weimar 1813/1814 zurückgelenkt werden. Zweierlei ist da noch wichtig. Zum einen: Schopenhauer wurde durch den Orientalisten Friedrich Majer dazu bestimmt, sich intensiv mit altindischer Weisheit zu beschäftigen, und damit war eine weitere Weiche für sein philosophisches Denken gestellt. Es sind die *Upanischaden* („Geheimlehren" des *Veda*), deren Lektüre (in Übersetzung) sein weiteres Leben begleiten sollte und von der er in den *Parerga und*

Paralipomena (in Kapitel 16, das „Einiges zur Sanskritliteratur" beinhaltet) schreibt: „Der Upanischad ist [...] die Ausgeburt der höchsten menschlichen Weisheit" (10, 438), und es „ist die belohnendeste und erhebendeste Lektüre, die (den Urtext ausgenommen) auf der Welt möglich ist: sie ist der Trost meines Lebens gewesen und wird der meines Sterbens seyn" (10, 437). Schopenhauer war überzeugt, eine gute Übersetzung zur Verfügung zu haben (vgl. 10, 436 f.). Andere sehen das anders. Aber nicht immer zu Schopenhauers Nachteil. Der Indologe Max Müller (1823–1900) äußerte: „Ich muß [...] bekennen, daß, hätte Schopenhauer nichts gethan, als aus der fürchterlichen Übersetzung von Anquetil Duperron den Sinn der Upanischaden zu entziffern, dies allein hinreichen würde, um ihm, selbst unter den Philologen, eine Ehrenstelle als Hermeneutiker zu sichern" (*Gespräche*, S. 87). Worum handelte es sich bei der „fürchterlichen Übersetzung"? Man erfährt es etwa bei Hübscher (1982, S. 49): „Im Jahre 1656 hat der Mogulprinz Dara Schukoh durch indische Pandits eine persische Übertragung der Upanischaden besorgen lassen. Eineinhalb Jahrhunderte später übersetzt ein des Sanskrit unkundiger Franzose, Anquetil-Duperron, den persischen Text ins Lateinische, und so erscheint 1801/02 in Straßburg der ‚Oupnekhat' – der Name ist aus dem Wort Upanischaden entstellt."

Dem Langzeitgewinn jener Weimarer Zeit, der Nähe zu altindischem Denken eben, stand auf der Verlustseite der Bruch mit der Mutter gegenüber – wenn es denn jetzt (1814) überhaupt noch ein Verlust war. Denn Schlimmes war ja schon vorhergegangen. So das auf Verletzung zielende Geplänkel, als Schopenhauer der Mutter ein Exemplar seiner Dissertation gab: „Als ihr die Vierfache Wurzel überreicht wurde, fragte sie, das sei wohl etwas für Apotheker! Er entgegnete ihr damals: man werde sie noch lesen, wann von ihren Schriften kaum mehr ein Exemplar in einer Rumpelkammer stecken werde, und sie gab ihm schlagfertig den Spott mit den Worten zurück: ‚Von den deinigen wird die ganze Auflage noch zu haben sein.'"(*Gespräche*, S. 17, dort ausgewiesen als Zitat aus der von dem frühen Schopenhauer-Anhänger Gwinner verfaßten Biographie). Schopenhauer wohnte 1813/14 als Mieter im Haus der Mutter. Als auch der Freund der Mutter ins Haus zog, kam es zu extremen Spannungen (nicht zuletzt, weil Schopenhauer das Andenken seines Vaters beschädigt fand), und Johanna Schopenhauer kündigte dem Sohn. Schriftlich ließ sie ihn (im Mai 1814) wissen: „Die Thüre die Du gestern nach dem Du Dich gegen Deine Mutter höchst ungeziemend betragen hattest so laut zuwarfst fiel auf immer zwischen mir und Dir ... Dein Mistrauen, Dein Tadeln meines Lebens, der Wahl meiner Freunde, Dein wegwerfendes Benehmen gegen mich, Deine Verachtung gegen mein Geschlecht, Dein deutlich ausgesprochener Widerwillen zu meiner Freude beizutragen, Deine Habsucht, Deine Launen, denen Du ohne Achtung gegen mich in meiner Gegenwart freien Lauf ließest, ... dies trennt uns" (*Gespräche*, S. 18). Beide sahen einander nicht wieder. Ihre weitere Korrespondenz beinhaltete fast ausschließlich geschäftliche Angelegenheiten (mit diesbezüglichen Differenzen). Es gab dann zwar auch noch Versöhnliches. Das reichte aber nicht so weit, daß der Sohn beim Tod der Mutter (1838) sich nicht enterbt gefunden hätte. – Von Schopenhauers Verhältnis zur Mutter wurde die Beziehung zu seiner Schwester, die bei der Mutter lebte, tangiert. Ohnehin waren die Geschwister sehr verschieden. Nach Arthurs Bruch mit der Mutter trafen sie sich wohl nur noch dreimal; gelegentlich korrespondierten sie miteinander. Adele Schopenhauer starb 1849. –

Als der Bruch zwischen Schopenhauer und seiner Mutter erfolgt war, übersiedelte Schopenhauer nach Dresden. Er lebte dort von 1814 bis 1818. Auf diese Zeit wurde hier schon einmal vorgegriffen im Zusammenhang mit Schopenhauers Schrift *Ueber das Sehn und die Farben*. Die Jahre waren aber vor allem erfüllt von der Ausarbeitung seines Hauptwerkes (das später um einen Band erweitert werden sollte, wovon noch zu sprechen sein wird). Sein vollständiger Titel lautet: *Die Welt als Wille und Vorstellung. Vier Bücher nebst einem Anhange, der die Kritik der Kantischen Philosophie enthält.* Es erschien Ende 1818, mit der Jahreszahl 1819. Schopenhauer war nun 30 Jahre alt, und es schien ihm, als habe er die Aufgabe seines Lebens bewältigt. Goethe ließ er in einem Brief vom 23. 6. 1818 wissen: „Mein Werk [...] ist die Frucht nicht nur meines hiesigen Aufenthalts, sondern gewissermaaßen meines Lebens. Denn ich glaube nicht, daß ich je etwas Besseres oder Gehaltvolleres zu Stande bringen werde" (*Briefe*, S. 35). Und an Brockhaus, der das Buch verlegen sollte, schrieb er am 28. 3. 1818: „Der Werth, den ich auf meine Arbeit lege, ist sehr groß: denn ich betrachte sie als eine ganze Frucht meines Daseyns. Der Eindruck nämlich, welchen auf einen individuellen Geist die Welt macht, und der Gedanke, durch welchen der Geist, nach erhaltener Bildung, auf jenen Eindruck reagirt, ist allemal nach zurückgelegtem dreißigsten Jahre da, vorhanden und geschehn: alles Spätere sind nur Entwickelungen und Variationen desselben" (*Briefe*, S. 29 f.). Hübschers Einschätzung liegt ganz auf der Linie dieser Äußerungen, wenn er schreibt: „Schopenhauer hat sein Werk mit dreißig Jahren vollendet. [...] Es gibt keine weitere Entwicklung seines Weltbildes, [...] kein Umformen, keine kritische Neuordnung der Grundgedanken. Das Werk wird in allen künftigen Jahren, im Grundriß unverändert, stehen bleiben, es wird immer weiter und reicher ausgebaut werden, in ergänzenden, fortführenden und vertiefenden Betrachtungen, in der Anwendung und Erprobung seines Gedankengefüges in den verschiedensten Gebieten des Lebens und der Wissenschaft" (Hübscher, 1982, S. 146). Andere Interpreten sehen doch hier und da gravierendere Modifikationen in Schopenhauers weiterem Denken. Auch wird hier in Teil II im Zusammenhang mit dem „Nichts" zu zeigen sein, wie Schopenhauer zur Lösung eines bestimmten Problems im 2. Band seines Hauptwerkes einen wichtigen Schritt über den 1. Band hinaus tut. Aber daß Schopenhauer in den zitierten Briefstellen sein künftiges Schaffen im ganzen recht treffend charakterisiert hat, wird man sagen dürfen.

In dem herangezogenen Brief an Brockhaus liest man über *Die Welt als Wille und Vorstellung* auch: „Mein Werk also ist ein neues philosophisches System: aber neu im ganzen Sinn des Worts: nicht neue Darstellung des schon Vorhandenen: sondern eine im höchsten Grad zusammenhangende Gedankenreihe, die bisher noch nie in irgend eines Menschen Kopf gekommen" (*Briefe*, S. 29). Dem widerspricht durchaus nicht, daß Schopenhauer sich vorangegangenem Denken verpflichtet wußte und in der Vorrede (zur 1. Auflage) erklärt: „*Kants* Philosophie also ist die einzige, mit welcher eine gründliche Bekanntschaft bei dem hier Vorzutragenden geradezu vorausgesetzt wird. – Wenn aber überdies noch der Leser in der Schule des göttlichen *Plato* geweilt hat; so wird er um so besser vorbereitet und empfänglicher seyn, mich zu hören. Ist er aber gar noch der Wohlthat der *Veda's* theilhaft geworden, deren uns durch die Upanischaden eröffneter Zugang, in meinen Augen, der größte Vorzug ist, den dieses noch junge Jahrhundert vor den früheren aufzuweisen hat, [...] hat also, sage ich, der Leser auch schon die Weihe uralter Indischer Weisheit empfangen und empfänglich aufgenommen; dann ist er auf das allerbeste bereitet zu hören, was ich ihm vorzutragen habe" (1, 11). Und in dem *Anhange, der die Kritik der Kantischen Philosophie enthält*, sagt er: „ich bekenne, das Beste meiner eigenen Entwickelung, nächst dem Eindrucke der anschaulichen Welt, sowohl dem Werke Kants, als dem der heiligen Schriften der Hindu und dem Plato zu verdanken" (2, 513). – Es versteht sich von selbst, daß Schopenhauers Hauptwerk hier in Teil II im Zentrum stehen wird.

In den außerordentlich fruchtbaren vier Dresdener Jahren findet man Schopenhauer keineswegs völlig in der Arbeit versunken. Er nahm wahr, was die Stadt an Kultur bieten konnte. Er hatte gesellige Kontakte. Eine Kammerzofe bescherte ihm eine uneheliche Tochter, die 1819 schon starb (vgl. Hübscher, 1988, S. 61).

Im Herbst 1818 brach Schopenhauer zu einer längeren Italienreise auf. Sie führte ihn nach Venedig, Florenz, Rom, Neapel, Pae-
stum und Mailand. Er gewann in Italien eine Geliebte, trug sich
wohl auch mit dem Plan, sie zu heiraten, trennte sich aber doch
wieder von ihr (sie soll lungenkrank gewesen sein). Schopenhauer reiste später, 1822/23, noch einmal ein Jahr lang in Italien.

Der erste italienische Aufenthalt fand 1819 sein Ende wegen
des schon erwähnten Zusammenbruchs des Danziger Handels-
hauses Muhl und des Schopenhauer damit drohenden Vermö-
gensverlustes. Man bringt Schopenhauers Entschluß, sich in Berlin für Philosophie zu habilitieren, mit dieser finanziellen Krise in
Zusammenhang. Mit Datum vom 31. 12. 1819 beantragte er, zum
Habilitationsverfahren zugelassen zu werden. (Diesem Antrag ist
in lateinischer Sprache ein langer, ausführlicher Lebenslauf bei-
gefügt, der eine wichtige Quelle für Biographen ist. Er findet sich
in *Briefe*, S. 47–55, dazu eine deutsche Übersetzung in *Briefe*,
S. 647–656.) Schopenhauers Probevortrag vor der Berliner Philosophischen Fakultät mit dem Thema „Über die vier verschiedenen Arten der Ursachen" fand im Frühjahr 1820 statt, und die
Habilitation gelang. Daß Hegel, der seit 1818 an der Berliner Universität lehrte, Schopenhauer in der Disputation einen Einwand
gemacht hatte, hatte also im Habilitationsverfahren keineswegs
geschadet. In völliger Verkennung der Kräfteverhältnisse legte
Schopenhauer dann, in Berlin gänzlich unbekannt, seine Vorlesungen zeitlich parallel zu denen Hegels. Das Resultat war, daß er
in seinem ersten Dozenten-Semester kaum Hörer hatte und daß
für spätere Semester von ihm angekündigte Lehrveranstaltungen
nicht stattfanden.

Dieser Mißerfolg war nicht der einzige, der Schopenhauer zu
schaffen machte. Herber noch mußte es für ihn sein, daß, nachdem schon seine Dissertation (außer bei Goethe) ohne Wirkung
geblieben war, sein Hauptwerk bis Anfang des Jahres 1820 erst
100 Käufer gefunden hatte und eine positive Würdigung dessel-

ben durch die Fachwelt fehlte. Das bedrückende Ausbleiben eines Erfolgs seiner Schriften sollte noch lange anhalten.

1820 oder 1821 begann Schopenhauers Beziehung zu Caroline Richter, genannt Medon. Sie war damals Choristin an der Berliner Oper, später Schauspielerin am Theater. Schopenhauers Aufbruch zu seiner zweiten Italienreise unterbrach das Verhältnis. Schopenhauer nahm es in seiner späteren Berliner Zeit (1825–1831) wieder auf; er erwog und verwarf die Heirat, letzteres wohl auch (wieder einmal) wegen eines Lungenleidens der Geliebten. In dem langen Brief aus Frankfurt am Main vom 10.12.1836, in dem er dem Freund der gemeinsamen Kinderjahre in Le Havre über sein Leben berichtet, heißt es rückblickend auf die Beziehung zu ihr (ich zitiere die deutsche Übersetzung *Briefe*, S. 671; die Stelle findet sich im französischen Original *Briefe*, S. 158): „1831 vertrieb mich die Cholera aus Berlin: ich flüchtete hierher. Ich hatte seit 10 Jahren eine geheime Liaison mit einem Mädchen, das ich sehr liebte: seit Jahren hatte sie versprochen mir zu folgen, wenn ich Berlin verlassen sollte, was ich immer in Aussicht genommen hatte: der Augenblick kam plötzlich, und sie hielt ihr Versprechen nicht: zweifellos hatte sie einige familiäre Verpflichtungen, aber sie mußte nichts versprechen. Das hat mir viel Kummer gemacht: aber die Zeit hat allmählich ihre Wirkung getan. Gleichwohl war sie das einzige Wesen, das mir wahrhaft verbunden war; die Umstände haben sie bezwungen." (Zu den ‚Umständen' gehörte allerdings Schopenhauers Forderung, daß Caroline ihr aus einer anderen Beziehung stammendes uneheliches Kind nicht nach Frankfurt mitbrächte, was sie ablehnte – vgl. *Gespräche*, S. 193, Anm. 272.) Zu Schopenhauers 70. Geburtstag dann, „nach 26jährigem Schweigen", gratulierte sie ihm schriftlich, und: „Ein paar Briefe hin und her, in gemessenen Abständen, lassen die alte Beziehung freundlich ausklingen" (Hübscher, 1988, S. 141). –

In das Jahr 1821 fällt eine beiläufige, Schopenhauer aber charakterisierende Begebenheit, die dazu führen sollte, daß er einer gewissen Caroline Louise Marquet lebenslänglich (und das bedeutete: zwanzig Jahre lang) monatlich fünf Taler zu zahlen hatte, nachdem er den von ihr angestrengten Prozeß verloren hatte (vgl. Hübscher, 1988, S. 94). Die Affäre stellt sich in Schopenhauers „Klagebeantwortung" so dar: „Als ich … wieder zu Hause kommend die 3 Frauenzimmer in der *Entrée* sah, war mein Erstes, daß ich unser Dienstmädchen [Elke], die sich darunter befand, nach der Wirthin fragte, indem ich durch diese wollte die Frauenzimmer aus der *Entrée* wegweisen lassen. Da ich nun vernahm, die Wirthin sei nicht zu Hause, kündigte ich den Frauenzimmern selbst an, daß ihnen hier kein Aufenthalt gestattet sei, indem die Wirthin mir die ausdrückliche Zusicherung gegeben, daß Niemand sich hier aufhalten dürfe. Ich forderte sie demnach auf, sich sogleich wegzubegeben. Die beiden Mädchen machten keine Schwierigkeiten zu gehn: bloß die Klägerin verweigerte es, aus dem Grund, ‚daß sie eine honette Person sei'. Ich wiederholte nachdrücklich meine Aufforderung und gieng in mein Zimmer, mit dem Bedeuten, daß ich sie nicht wieder finden wolle, wenn ich herauskäme. Nach einer kleinen Weile kam ich wieder heraus… Ich forderte nun abermals die Klägerin auf zu gehn u. bot ihr meinen Arm, um sie herauszuführen, wie die Zeugen bestätigen werden. Sie beharrte darauf, bleiben zu wollen. Endlich drohte ich, sie herauszuwerfen, u. da sie mir Trotz bot, geschah dieses … ich faßte sie, wie es zweckmäßig war, um den ganzen Leib u. schleppte sie hinaus, obgleich sie sich aus Leibeskräften wehrte. Draußen schrie sie, daß sie mich verklagen wolle und schrie auch nach ihren Sachen, die ich ihr dann schleunigst nachwarf: aber da ein Stückchen Zeug liegen geblieben, das ich nicht gesehn, so mußte dieses als Vorwand dienen, daß sie die Verwegenheit hatte, schnell wieder abermals in die *Entrée* zu kommen: nun warf ich sie nochmals hinaus obgleich sie sich auf das heftigste wehrte und aus allen Kräften kreischte, um wo möglich das ganze Haus in Allarm zu bringen. Wie ich sie also zum 2. Male aus der Thüre warf, fiel sie hin, wie ich glaube absichtlich... Sie war *nicht* ohn-mächtig, sondern stand auf, setzte sich auf einen Stuhl und versi-cherte wiederholt, mich verklagen zu wollen. Jetzt und nicht vor-hin habe ich, in der Unbesonnenheit des Zorns, sie geschimpft... Auch habe ich sie nicht ‚Luder' und ‚altes Mensch' geschimpft, sondern nur *ein* Mal, in Subjekt und Prädikat, ‚altes Luder'" (*Gespräche*, S. 51). –

Schopenhauer reiste, wie schon gesagt, 1822 noch einmal nach Italien. Nach seiner Rückkehr 1823 lebte er ein Jahr lang schwer erkrankt in München. Es folgten Aufenthalte in Dresden und, wie erwähnt, 1825 bis 1831 in Berlin, wo ihn die Cholera ‚vertrieb'. Schopenhauer versuchte als neuen Wohnort Frankfurt am Main und dann Mannheim, entschied sich 1833 für Frankfurt am Main und lebte dort bis zu seinem Tod (1860). Diese Lebensphase war geprägt von einem peinlich genau strukturierten Alltagsleben (vgl. Hübscher, 1988, S. 136ff.), von der Ausarbeitung der weite-ren philosophischen Werke (und hiervon vor allem), schließlich von der nun doch noch erfahrenen Anerkennung, die teilweise Züge annahm, die Schopenhauer veranlaßten, von der ‚Komödie seines Ruhmes' zu sprechen (davon später).

Von den apostrophierten weiteren philosophischen Werken soll nun in gebotener Kürze die Rede sein. Daß das an dieser Stelle geschieht und ehe noch Schopenhauers System vorgeführt wor-den ist, mag vielleicht von Nachteil sein. Aber nichts hindert ja den Leser bzw. die Leserin daran, auf das hier folgende nach der Lektüre von Teil II meiner Darstellung zurückzukommen.

Wie schon mitgeteilt, war 1818 *Die Welt als Wille und Vorstel-lung* erschienen und hatte Schopenhauer damals, erst 30 Jahre alt, dies Werk in Briefen an Goethe und seinen Verleger als ‚die Frucht gewissermaßen seines Lebens', ‚eine ganze Frucht seines Daseins' bezeichnet und seinen Grundgedanken für so ausgereift ange-sehen, daß ‚alles Spätere nur Entwicklungen und Variationen desselben' sein könnten. Diese Einschätzung hat Schopenhauer weitgehend beibehalten. Und er hat selbst jeweils seine späteren Schriften zu seinem Hauptwerk in Beziehung gesetzt.

Schopenhauer hat nach 1818 allerdings lange nichts veröffentlicht. Zu tief schmerzte ihn der mangelnde Erfolg seines Schaffens (über den er sich dann in seinen weiteren Werken bis zum Überdruß ausgelassen hat). Erst 1836 meldete er sich wieder zu Wort – mit der Schrift *Ueber den Willen in der Natur* (für die er kein Honorar erhielt und die viele Jahre unbeachtet blieb). Im Untertitel macht Schopenhauer klar, um was es ihm geht – es handelt sich um *Eine Erörterung der Bestätigungen, welche die Philosophie des Verfassers, seit ihrem Auftreten, durch die empirischen Wissenschaften erhalten hat.* Genauer gesagt geht es um Bestätigungen der Erkenntnis, zu der Schopenhauer im zweiten Buch von *Die Welt als Wille und Vorstellung* vorgedrungen war, nämlich daß das innere Wesen aller Erscheinungen und damit der gesamten Natur (also auch der leblosen Natur und der Pflanzenwelt) Wille ist. Schopenhauer hatte damals vermerkt, daß allein philosophisches, nicht aber naturwissenschaftliches Denken zu dieser die Erscheinungen auf ihr Wesen hin überschreitenden Erkenntnis gelangen kann. Wenn aber, wie es nach Schopenhauers nunmehr geäußerter Auffassung der Fall ist, empirische Wissenschaften ganz unabhängig von der Philosophie Phänomene freilegen, die zu ihrer vollen Durchleuchtung nach jenem philosophischen Grundgedanken geradezu verlangen, dann bestätigen sie diesen, und Empirie und Philosophie berühren einander auf glückliche Weise. Schopenhauer findet (und zitiert) „höchst überraschende Bestätigungen", die „erst nach dem Erscheinen meines Werks, jedoch völlig unabhängig von demselben, im Laufe vieler Jahre, ans Licht getreten" sind (5, 203). Die Felder, auf denen Schopenhauer fündig geworden ist, sind durch die Kapitelüberschriften der Schrift markiert; es sind (u. a.) „Physiologie und Pathologie", „Vergleichende Anatomie", „Pflanzen-Physiologie", „Physische Astronomie", „Animalischer Magnetismus und Magie".

1841 erschienen *Die beiden Grundprobleme der Ethik*. Unter
diesem Titel vereinigte Schopenhauer seine beiden Preisschriften:
Die Preisschrift über die Freiheit des Willens, die 1839 von der Königlich Norwegischen Sozietät der Wissenschaften gekrönt worden war (endlich einmal ein Erfolg) – und *Die Preisschrift über die
Grundlage der Moral*, die 1840 von der Königlich Dänischen Sozietät der Wissenschaften nicht gekrönt wurde, obwohl keine
andere Einsendung vorlag. Auf diese sehr wichtigen ethischen
Schriften, die zum vierten, von Bejahung und Verneinung des
Willens zum Leben handelnden Buch des Hauptwerkes in Beziehung stehen (vgl. diesbezüglich auch 6, 7), wird hier in Teil II ein
Blick geworfen. Die Publikation im Jahr 1841 stieß nicht auf Interesse, und vorerst blieb wieder eine Hoffnung Schopenhauers
unerfüllt. Hatte er doch seine „Vorrede" mit den Worten begonnen: „Unabhängig von einander, auf äußern Anlaß, entstanden,
ergänzen diese beiden Abhandlungen sich dennoch gegenseitig
zu einem System der Grundwahrheiten der Ethik, in welchem man
hoffentlich einen Fortschritt dieser Wissenschaft, die seit einem
halben Jahrhundert Rasttag gehalten hat, nicht verkennen wird"
(ebd.). Allerdings folgt dem „hoffentlich" wenig später: „Wenn ein
Mal die Zeit gekommen seyn wird, wo man mich liest […]" (6, 8).
 1843 erreichte Schopenhauer in schwieriger Verhandlung und
auf ein Honorar verzichtend, daß der Verleger seines Hauptwerkes, Brockhaus, sich zu einer zweiten, um einen umfangreichen
Band erweiterten Auflage bereit fand. Sie erschien 1844. Das Ti-
telblatt des neuen, zweiten Bandes lautet: *Die Welt als Wille und
Vorstellung. Zweiter Band, welcher die Ergänzungen zu den vier Büchern des ersten Bandes enthält*. Schopenhauer hat die Ergänzungen, die der zweite Band bietet, den Büchern des ersten Bandes, ja
größtenteils sogar den einzelnen Paragraphen desselben zugeord-
net.
 Schopenhauer beginnt die „Vorrede zur zweiten Auflage" mit
den Worten: „Nicht den Zeitgenossen, nicht den Landsgenossen,

– der Menschheit übergebe ich mein nunmehr vollendetes Werk, in der Zuversicht, daß es nicht ohne Werth für sie seyn wird; sollte auch dieser, wie es das Loos des Guten in jeder Art mit sich bringt, erst spät erkannt werden" (1, 14). Im Fortgang dieser Vorrede heißt es dann: „Was nunmehr diese zweite Auflage betrifft, so freut es mich zuvörderst, daß ich nach fünfundzwanzig Jahren nichts zurückzunehmen finde, also meine Grundüberzeugungen sich wenigstens bei mir selbst bewährt haben. Die Veränderungen im ersten Bande, welcher allein den Text der ersten Auflage enthält, berühren demnach nirgends das Wesentliche, sondern betreffen theils nur Nebendinge, größtentheils aber bestehn sie in meist kurzen, erläuternden, hin und wieder eingefügten Zusätzen. Bloß die Kritik der Kantischen Philosophie hat bedeutende Berichtigungen und ausführliche Zusätze erhalten" (1, 18). Bezüglich der Ergänzungen zum zweiten Buch schärft Schopenhauer ein, er habe „die wesentlichste Ergänzung schon 1836 veröffentlicht, unter dem Titel ‚Ueber den Willen in der Natur'", so daß er das dort Gesagte „hier als bekannt voraussetze, indem sonst gerade das Beste fehlen würde" (3, 223). Und „ebenso unbedingt" setzt Schopenhauer die Bekanntschaft mit seinen Preisschriften zur Ethik (*Die beiden Grundprobleme der Ethik*) bei den Ergänzungen zum vierten Buch voraus (4, 541).

Unter den „Ergänzungen zum vierten Buch" findet sich *ein neues* Thema: „Metaphysik der Geschlechtsliebe" (Kapitel 44). Dazu sagt Schopenhauer selbst: „Ueberdies hat hier nun noch, als zur Lehre von der ‚Bejahung des Willens zum Leben' gehörend, eine Erörterung zur Sprache gebracht werden können, welche in unserem vierten Buche selbst unberührt geblieben ist, wie sie denn auch von allen mir vorhergegangenen Philosophen gänzlich vernachlässigt worden: es ist die innere Bedeutung und das Wesen an sich der mitunter bis zur heftigsten Leidenschaft anwachsenden Geschlechtsliebe; ein Gegenstand, dessen Aufnahme in den ethischen Theil der Philosophie nicht paradox seyn würde, wenn man dessen Wichtigkeit erkannt hätte" (4, 542). In diesem Kapitel liest man: „Wenn man nun [...] die wichtige Rolle betrachtet, welche die Geschlechtsliebe in allen ihren Abstufungen und Nüancen, nicht bloß in Schauspielen und Romanen, sondern auch in der wirklichen Welt spielt, wo sie, nächst der Liebe zum Leben, sich als die stärkste und thätigste aller Triebfedern erweist, die Hälfte der Kräfte und Gedanken des jüngern Theiles der Menschheit fortwährend in Anspruch nimmt, das letzte Ziel fast jedes menschlichen Bestrebens ist, auf die wichtigsten Angelegenheiten nachtheiligen Einfluß erlangt, die ernsthaftesten Beschäftigungen zu jeder Stunde unterbricht, bisweilen selbst die größten Köpfe auf eine Weile in Verwirrung setzt, sich nicht scheut, zwischen die Verhandlungen der Staatsmänner und die Forschungen der Gelehrten, störend, mit ihrem Plunder einzutreten [...] ja, den sonst Redlichen gewissenlos, den bisher Treuen zum Verräther macht, demnach im Ganzen auftritt als ein feindsäliger Dämon, der Alles zu verkehren, zu verwirren und umzuwerfen bemüht ist; – da wird man veranlaßt auszurufen: Wozu der Lerm? Wozu das Drängen, Toben, die Angst und die Noth?" (4, 624). Schopenhauer antwortet darauf mit der These: „Das [...], was dadurch entschieden wird, ist nichts Geringeres, als *die Zusammensetzung der nächsten Generation*" (4, 625). „Daß dieses bestimmte Kind erzeugt werde, ist der wahre, wenn gleich den Theilnehmern unbewußte Zweck des ganzen Liebesromans" (4, 626).

Schopenhauers nächstes und letztes Werk sind die *Parerga und Paralipomena* (Nebenarbeiten und Übriggelassenes), zwei umfangreiche Bände, erschienen 1851. Dem Titel des Werkes ist hinzugefügt: *kleine philosophische Schriften*. Schopenhauer hatte Schwierigkeiten, einen Verleger für diese Publikation zu finden, und wieder erhielt er kein Honorar. Die ‚kleinen philosophischen Schriften‘ sind in der vorliegenden Form die Frucht der Jahre nach Erscheinen der zweiten Auflage des Hauptwerkes; Vorarbeiten entstanden aber über einen langen Zeitraum. „Ich gedenke nach diesem nichts mehr zu schreiben", erklärte Schopenhauer in einem Brief (*Briefe*, S. 242). Kurz vor seinem Tod soll er jedoch geäußert haben, er „habe den ‚Parergen' noch wichtige Zusätze zu geben" (Hübscher, 1988, S. 146).

Im „Vorwort" des Werkes läßt Schopenhauer wissen: „Diese, meinen wichtigeren, systematischen Werken nachgesandten Nebenarbeiten bestehn theils aus einigen Abhandlungen über besondere, sehr verschiedenartige Themata, theils aus vereinzelten Gedanken über noch mannigfaltigere Gegenstände, – Alles hier zusammengebracht, weil es, meistens seines Stoffes halber, in jenen systematischen Werken keine Stelle finden konnte, Einiges jedoch nur weil es zu spät gekommen, um die ihm gebührende daselbst einzunehmen" (7, 7). Eine kleine Akzentverschiebung ist gegeben, wenn es in der „Vorrede" zur 3. Auflage von *Die Welt als Wille und Vorstellung* (1859) heißt: „Sieben Jahre nach dem Erscheinen der zweiten Auflage habe ich zwei Bände ‚Parerga und Paralipomena' herausgegeben. Das unter letzterem Namen Begriffene besteht in Zusätzen zur systematischen Darstellung meiner Philosophie und würde seine richtige Stelle in diesen Bänden gefunden haben: allein ich mußte es damals unterbringen wo ich konnte, da es sehr zweifelhaft war, ob ich diese dritte Auflage erleben würde. Man findet es im zweiten Bande besagter Parerga und wird es an den Ueberschriften der Kapitel leicht erkennen" (1, 26).

Der erste Band der *Parerga und Paralipomena* enthält fünf Abhandlungen und sodann die berühmt gewordenen „Aphorismen zur Lebensweisheit". Auf sie und auf die Abhandlung „Ueber die Universitäts-Philosophie" ist gleich noch etwas einzugehen. Unter den Abhandlungen befinden sich auch „Fragmente zur Geschichte der Philosophie" sowie ein „Versuch über das Geistersehn und was damit zusammenhängt". In diesem „Versuch" findet man Schopenhauer, der schon in seinem Hauptwerk (Bd. 1, § 36, ab S. 247 sowie Bd. 2, Kap. 32) über den Wahnsinn geschrieben hatte, wieder als Psychologen (und Physiologen) am Werk. Jetzt geht es u. a. um Traum, Nachtwandeln, Hellsehen, Zweites Gesicht, Geistererscheinungen. Schopenhauer versäumt es nicht, hier Bezüge herzustellen zu seiner Philosophie wie auch zum Kapitel „Animalischer Magnetismus und Magie" seiner Schrift *Ueber den Willen in der Natur*. Die „Fragmente zur Geschichte der Philosophie", beginnend bei der ‚Vorsokratischen Philosophie', durchlaufen in großen Schritten die Philosophiegeschichte, bringen schließlich „Noch einige Erläuterungen zur Kantischen Philosophie" und münden in „Einige Bemerkungen über meine eigene Philosophie", darunter die folgende Bemerkung: „Als den eigenthümlichen Charakter meines Philosophirens darf ich anführen, daß ich überall den Dingen *auf den Grund zu kommen* suche, indem ich nicht ablasse, sie bis auf das letzte, real Gegebene zu verfolgen. Dies geschieht vermöge eines natürlichen Hanges, der es mir fast unmöglich macht, mich bei irgend noch allgemeiner und abstrakter, daher noch unbestimmter Erkenntniß, bei bloßen Begriffen, geschweige bei Worten zu beruhigen [...]. Dieserwegen wird man einst (natürlich nicht, so lange ich lebe) erkennen, daß die Behandlung des selben Gegenstandes von irgend einem früheren Philosophen, gegen die meinige gehalten, flach erscheint. Daher hat die Menschheit Manches, was sie nie vergessen wird, von mir gelernt, und werden meine Schriften nicht untergehn" (7, 149 f.).

Dem zweiten Band der *Parerga und Paralipomena* ist als Untertitel beigegeben: „Vereinzelte, jedoch systematisch geordnete Gedanken über vielerlei Gegenstände." Das Spektrum der Themen ist breit gefächert. Viele der „Gedanken" beziehen sich auf Schopenhauers philosophisches System, aber es werden auch zahlreiche andere „Gegenstände" behandelt. Ja, den 31 Kapiteln des Bandes folgen schließlich „Einige Verse", die Schopenhauer ab 1808 verfaßt hat. Ihnen schickt er eine Vorbemerkung voraus, in der es heißt: „Ich bin mir eines Aktes der Selbstverleugnung bewußt, indem ich dem Publiko Verse vorlege, die auf poetischen Werth keinen Anspruch zu machen haben; schon weil man nicht Dichter und Philosoph zugleich seyn kann. Auch geschieht es einzig und allein zu Gunsten Derer, die dereinst, im Laufe der Zeit, an meiner Philosophie einen so lebhaften Antheil nehmen werden, daß sie sogar irgend eine Art von persönlicher Bekanntschaft mit dem Urheber derselben wünschen werden, die dann aber nicht mehr zu machen seyn wird" (10,710). Drei Kapitel aus diesem Band werde ich an späterer Stelle kurz thematisieren.

Zuvor soll aber zum ersten Band zurückgegangen und die Ankündigung eingelöst werden, zwei Teile daraus zu beleuchten. Zunächst zur Abhandlung „Ueber die Universitäts-Philosophie": Auf sie wird man hervorragend eingestimmt gegen Ende des unlängst herangezogenen Paragraphen „Einige Bemerkungen über meine eigene Philosophie", der die „Fragmente zur Geschichte der Philosophie" abschließt und der Abhandlung „Ueber die Universitäts-Philosophie" unmittelbar vorausgeht. Schopenhauer erklärt dort: „Denn beim Eintritt ins Leben hatte mein Genius mir die Wahl gestellt, entweder die Wahrheit zu erkennen, aber mit ihr Niemanden zu gefallen; oder aber, mit den Andern das Falsche zu lehren, unter Anhang und Beifall: mir war sie nicht schwer geworden. Demgemäß nun aber wurde das Schicksal meiner Philosophie das Widerspiel dessen, welches die Hegelei hatte, so ganz und gar, daß man beide als die Kehrseiten des selben Blattes ansehn kann, der Beschaffenheit beider Philosophien gemäß. Die Hegelei, ohne Wahrheit, ohne Klarheit, ohne Geist, ja ohne Menschenverstand, dazu noch im Gewand des ekelhaftesten Gallimathias, den man je gehört, auftretend, wurde eine oktroyirte und privilegirte Kathederphilosophie, folglich ein Unsinn, der seinen Mann nährte. Meine, zur selben Zeit mit ihr auftretende Philosophie hatte zwar alle Eigenschaften, welche jener abgiengen: allein sie war keinen höheren Zwecken gemäß zugeschnitten, bei den damaligen Zeitläuften für das Katheder gar nicht geeignet und also, wie man spricht, nichts damit zu machen. Da folgte es, wie Tag auf Nacht, daß die Hegelei die Fahne wurde, der Alles zulief, meine Philosophie hingegen weder Beifall, noch Anhänger fand, vielmehr, mit übereinstimmender Absichtlichkeit, gänzlich ignorirt, vertuscht, wo möglich erstickt wurde; weil durch ihre Gegenwart jenes so erkleckliche Spiel gestört worden wäre, wie Schattenspiel an der Wand durch hereinfallendes Tageslicht" (7, 154). Also: Zwei Möglichkeiten sieht Schopenhauer für den Philosophen: Entweder er erkennt und lehrt das Wahre; dann zahlt er den Preis, niemandes Beifall zu finden – das ist Schopenhauers Fall (noch zu jenem Zeitpunkt) und seine Wahl. Oder der Philosoph lehrt, wie schon andere, das Falsche; dann bekommt er Beifall und hat Anhänger – das ist der Fall Hegels. Auf dessen so außerordentlich wirksame Philosophie („die Fahne [...], der Alles zulief") wird hier schon eine beispiellose Schimpfkanonade abgefeuert (übrigens nicht die erste in Schopenhauers Schriften). Und auf die Wurzel des Übels „Hegelei" wird bereits mit der Klassifizierung „Kathederphilosophie" (sprich: Universitätsphilosophie) hingewiesen – das ist eine Philosophie, die nach Schopenhauers Auffassung „höheren Zwecken gemäß zugeschnitten" sein muß, nämlich den Zwecken der Herrschenden, der Dienstherren der Philosophieprofessoren. Schopenhauers große Verletztheit angesichts seines Mißerfolgs als akademischer Lehrer an der Berliner Universität und sehr viel mehr wohl noch angesichts des Mißerfolgs seiner Werke – bei gleichzeitigem Ruhm Hegels – spricht hier aus jeder Zeile. Sie läßt ihn auch unterstellen, daß die Nichtbeachtung seines Werkes bei Hegel und seinen Anhängern das Ergebnis „übereinstimmender Absichtlichkeit" sei. In „Ueber die Universitäts-Philosophie" heißt es über Hegels Philosophie (im Anschluß an eine neue Schimpfkanonade – 7, 162): Sie hat „20 Jahre hindurch, als die glänzendeste Kathederphilosophie, die je Gehalt und Honorar einbrachte, florirt und ist fett geworden, ist nämlich in ganz Deutschland, durch Hunderte von Büchern, als der endlich erreichte Gipfel menschlicher Weisheit und als die Philosophie der Philosophien verkündet, ja in den Himmel erhoben worden" (7, 163); jetzt allerdings konstatiert Schopenhauer ein „plötzliches Ende" „jener Gloria" (ebd.) und versucht, dessen Ursache zu ergründen.

Schopenhauer formuliert ganz allgemein, „daß in der Universitätsphilosophie die Wahrheit nur eine sekundäre Stelle einnimmt" (7, 158). Denn: Es „sollen zwar auch die Professoren der Philosophie allerdings lehren was wahr und richtig ist: aber eben dieses muß im Grunde und im Wesentlichen das Selbe seyn, was die Landesreligion auch lehrt, als welche ja ebenfalls wahr und richtig ist" (ebd.). Von dem pauschalen Vorwurf, daß die angestellten Philosophieprofessoren, um ihr gutes Auskommen zu haben und Ansehen zu genießen (vgl. 7, 159), sich nach der Landesreligion richten und „Philosophie im Auftrage der Regierung" betreiben (7, 157), nimmt Schopenhauer Kant sowie – mit Anspielung auf den sogenannten Atheismusstreit – zunächst einmal Fichte ausdrücklich aus (vgl. 7, 159 f.), nicht ohne für Kant dann doch noch eine Einschränkung zu formulieren (vgl. 7, 169 f.) und für Fichte hinzuzufügen: „wenn auch dieser im Grunde ein bloßer Sophist, kein wirklicher Philosoph war" (7, 160). Hat doch die „Strafe" seiner Amtsenthebung nach Schopenhauers Meinung bei Fichte „angeschlagen, indem, nach seiner spätern Anstellung in Berlin, das absolute Ich sich ganz gehorsamst in den lieben Gott verwandelt hat und die ganze Lehre überhaupt einen überaus christlichen Anstrich erhielt; wovon besonders die ‚Anweisung zum seligen Leben' zeugt" (ebd.).

Als dritter „Sophist" neben Hegel und Fichte wird Schelling namhaft gemacht (vgl. 7, 176), und so werden denn diese drei bedeutenden Denker auch in einem Atemzug beschimpft (vgl. 7, 181). Was speziell Schelling betrifft, so verzeichnet Schopenhauer ein „Nachspiel zu der großen Hegel-Farce, nämlich die gleich darauf folgende, so überaus zeitgemäße Konversion des Herrn

v. Schelling vom Spinozismus zum Bigottismus und seine darauf folgende Versetzung von München nach Berlin, unter Trompetenstößen aller Zeitungen, nach deren Andeutungen man hätte glauben können, er bringe dahin den persönlichen Gott, nach welchem so große Begehr war, in der Tasche mit; worauf denn der Zudrang der Studenten so groß wurde, daß sie sogar durch die Fenster in den Hörsaal stiegen; […] und überhaupt die ganze, höchst glänzende und nicht weniger lukrative Rolle desselben in Berlin, die er ohne Erröthen durchgespielt hat; und das im hohen Alter, wo die Sorge um das Andenken, das man hinterläßt, in edleren Naturen jede andere überwiegt" (7, 164).

Daß Schopenhauer von seiner philosophischen Position aus zu Einwänden gegen Fichte, Hegel und Schelling kommt, ist durchaus begreiflich. Alle drei hatten unter dem Eindruck von Kants Philosophie zu denken begonnen und hatten gemeint, diese, sie überschreitend, vollenden zu können. Ihre Denkwege, die sich freilich immer mehr voneinander und auch von Kant entfernten, führten in eine Gegend, in der Schopenhauer, ebenfalls von Kant ausgehend und ebenfalls das Ziel vor Augen, Kants Philosophie zur Vollendung zu führen, sich als Atheist gerade nicht anzusiedeln vermochte. Er wendet sich gegen die *spekulative Theologie* dieser Denker und erklärt: „Nachdem *Kant* alle Beweise, die ihre Stützen ausmachten, unter ihr weggezogen und sie dadurch radikal umgestoßen hat, hält Das meine Herren von der lukrativen Philosophie keineswegs ab, noch 60 Jahre hinterher die spekulative Theologie für den ganz eigentlichen und wesentlichen Gegenstand der Philosophie auszugeben und, weil sie jene explodirten Beweise wieder aufzunehmen sich doch nicht unterstehn, jetzt ohne Umstände, nur immerfort vom *Absolutum* zu reden" (7, 204 f.). Schopenhauer beklagt demgemäß: „Zu den Nachtheilen, welche die Universitätsphilosophie der wirklichen und ernstlich gemeinten gebracht hat, gehört ganz besonders das […] Verdrängtwerden der Kantischen Philosophie durch die Windbeuteleien der drei ausposaunten Sophisten" (7, 187 f.). So verständlich es ist, daß man schon in zeitlicher Nachbarschaft eine Gegenposition zu den drei in Rede stehenden Philosophen einnehmen konnte (Hegel gegenüber taten das ja auch andere, so auf je eigene und von Schopenhauer ganz verschiedene Weise Kierkegaard und Marx) – Schopenhauers Geschimpfe, endlos wiederholt und sich im Kreise drehend, ist unter Niveau und kompromittiert ihn selbst. Die Frustration des so lange währenden Nichtbeachtetseins geht da mit ihm durch, und Schopenhauers psychologischer Scharfblick, sonst so ausgeprägt, versagt wohl gegenüber ihm selbst an diesem Punkt. Er wußte ja übrigens auch ganz genau, daß seine glücklichen finanziellen Verhältnisse ihn in die Ausnahmesituation versetzten, als Philosoph kein Geld verdienen und kein Amt bekleiden zu müssen (vgl. 8, 382 f.). Auch aus diesem Grund ist es unbillig, die besoldeten ‚Universitätsphilosophen' als solche zu verurteilen.

Die Frage, ob Schopenhauers Philosophie sich an dieser oder jener Stelle nicht doch vielleicht mit Gedanken der von ihm so verachteten drei „Sophisten" berührt, muß hier unerörtert bleiben. Was seine Kenntnis von deren Schriften anbelangt, konnte Weimer (1982, S. 37) formulieren: Schopenhauer hat „Fichtes und Schellings Schriften sorgfältig studiert und kommentiert; lediglich für Hegel lassen sich vergleichbare Anstrengungen nicht nachweisen". Letzteres wird von Schmidt (1988, S. 43 und 61) bestätigt, der gleichwohl seine eigene „Rekonstruktion der gegen das Hegelsche System gerichteten Einwände Schopenhauers" in der Absicht unternimmt „nachzuweisen, daß deren theoretisches Gewicht bislang unterschätzt worden ist", und der überzeugt ist: „nirgendwo entgehen ihm [Schopenhauer] wirkliche Schwächen des säkularen Gegners" (ebd., S. 44). Allerdings: „So erhellend jene Formulierungen Schopenhauers sind, die das Hegelsche System insgesamt kennzeichnen, so dürftig fallen die Stellen in seinen Schriften aus, wo er – in der Attitüde des empirischen Forschers – isolierte Sätze aus Hegel wie Stilblüten aufspießt und der Lächerlichkeit preisgibt" (ebd., S. 61). –

Die „Aphorismen zur Lebensweisheit", etwa 200 Seiten umfassend, populär geworden und längst auch für sich allein in Einzelausgaben erschienen, schließen den ersten Band der *Parerga und Paralipomena* ab. Die Bezeichnung „Aphorismen" ist allerdings, was die Form der Ausführungen angeht, allenfalls für das 5. Kapitel, die „Paränesen und Maximen", zutreffend. Diesem Kapitel folgt ein weiteres („Vom Unterschiede der Lebensalter"), und voran gehen eine Einleitung und die vier Kapitel: „Grundeintheilung", „Von Dem, was Einer ist", „Von Dem, was Einer hat", „Von Dem, was Einer vorstellt". Die ‚Grundeinteilung' ist eine der „Güter des menschlichen Lebens"; sie gilt dem, „was den Unterschied im Loose der Sterblichen begründet" (8, 345), und das ist eben das, was die drei zuletzt genannten Kapitelüberschriften bezeichnen. Schopenhauer erläutert: „Was Einer *ist*", das meint: „die Persönlichkeit, im weitesten Sinne. Sonach ist hierunter Gesundheit, Kraft, Schönheit, Temperament, moralischer Charakter, Intelligenz und Ausbildung derselben begriffen" (ebd.). „Was Einer *hat*", das meint: „Eigenthum und Besitz in jeglichem Sinne" (ebd.). „Was Einer *vorstellt*", das meint: „was er in der Vorstellung Anderer ist, also eigentlich wie er von ihnen *vorgestellt wird*. Es besteht demnach in ihrer Meinung von ihm, und zerfällt in Ehre, Rang und Ruhm" (ebd.). Zu letzteren findet man als nähere Bestimmung: „nach Ehre, d. h. gutem Namen, hat Jeder zu streben, nach Rang schon nur Die, welche dem Staate dienen, und nach Ruhm gar nur äußerst Wenige" (8, 352). Die drei Klassen von Gütern (was einer ist, hat, vorstellt) werden von Schopenhauer unterschiedlich gewichtet. Was einer vorstellt, ist „an sich selbst, für unser Glück unwesentlich" (8, 386), und Schopenhauer hält es, damit die für das eigene Glück eines Menschen „so wesentliche Gemüthsruhe und Unabhängigkeit" bewahrt werden, für „rathsam, [...] mittelst gehöriger Ueberlegung und richtiger

Abschätzung des Werthes der Güter, jene große Empfindlichkeit gegen die fremde Meinung möglichst zu mäßigen, sowohl da, wo ihr geschmeichelt wird, als da, wo ihr wehe geschieht [...]. Außerdem bleibt man der Sklave fremder Meinung und fremden Bedünkens" (ebd.) – ein Rat, beiläufig bemerkt, der seine Bedeutung nicht dadurch verliert, daß Schopenhauer seine Befolgung zumindest als Autor nicht vorgelebt hat (wie ja übrigens auch der schließlich noch erlebte eigene Ruhm für das „Glück" seiner letzten Lebensphase nicht ganz „unwesentlich" gewesen sein kann). Die erste Klasse von Gütern (was einer ist) umfaßt „Unterschiede [...], welche die Natur selbst zwischen Menschen gesetzt hat; woraus sich schon abnehmen läßt, daß der Einfluß derselben auf ihr Glück, oder Unglück, viel wesentlicher und durchgreifender seyn werde, als was die bloß aus menschlichen Bestimmungen hervorgehenden, unter den zwei folgenden Rubriken angegebenen Verschiedenheiten herbeiführen" (8, 345).

Es *gibt* „Güter des menschlichen Lebens" wie Gesundheit, die in besonderem Maße beiträgt zu der „für unser Glück so wesentlichen Heiterkeit" (8, 356; vgl. 8, 355), ferner Kraft, Schönheit, ein für das eigene Wohlsein günstiges Temperament, Intelligenz, auch Besitz, und sie zu haben, macht glücklich. Es *gibt* also *Glück*. Und Schopenhauer erteilt Ratschläge, wie man mit seinen Glücksgütern umgehen sollte. So gibt er „ein Paar ganz allgemeiner Verhaltungsregeln" zur „Befestigung und Bewahrung" der Gesundheit, „als welche für unser Glück das Erste und Wichtigste ist" (8, 482; dazu der Fortgang dort sowie 8, 355), und er empfiehlt „die Sorge für Erhaltung des erworbenen und des ererbten Vermögens" (8, 382).

Freilich, dem Menschen ist „durch seine Individualität [...] das Maaß seines möglichen Glückes zum Voraus bestimmt. Besonders haben die Schranken seiner Geisteskräfte seine Fähigkeit für erhöhten Genuß ein für alle Mal festgestellt. [...] Sind sie eng, so werden alle Bemühungen von außen, Alles was Menschen,

Alles was das Glück für ihn thut, nicht vermögen, ihn über das Maaß des gewöhnlichen, halb thierischen Menschenglücks und Behagens hinaus zu führen: auf Sinnengenuß, trauliches und heiteres Familienleben, niedrige Geselligkeit und vulgären Zeitvertreib bleibt er angewiesen: sogar Bildung vermag im Ganzen, zur Erweiterung jenes Kreises, nicht gar viel, wenn gleich etwas. Denn die höchsten, die mannigfaltigsten und die anhaltendsten Genüsse sind die geistigen" (8, 348). Dieser höchsten und mannigfaltigsten Genüsse ist Schopenhauer ein Leben lang teilhaftig geworden. Sie „hängen hauptsächlich von der angeborenen Kraft ab" (ebd.), von den uneingeengten Geisteskräften eben. Schopenhauer hatte sie, und er hat sie genutzt. Seine Werke zeugen davon beinahe auf Schritt und Tritt. Und damit wäre man noch einmal bei jenem Punkt, den ich am Anfang dieses Teils (gestützt auf das Zitat 8, 369 f.) schon einmal gestreift habe. Allerlei Glück, darunter zumeist Gesundheit, ferner Besitz und auch die von ihm als so erfreulich eingeschätzte Einsamkeit (vgl. 8, 361) mußte Schopenhauer für sein eigenes Dasein (so bedrückend es in anderer Beziehung sein konnte) einräumen. Auch für andere Menschen sieht er Glücksmöglichkeiten, die gerade genannten oder ‚gewöhnlichere'. Und die Lebensweisheit, in deren Dienst die „Aphorismen zur Lebensweisheit" sich stellen, bestimmt er als die „Kunst, das Leben möglichst angenehm und glücklich durchzuführen" (8, 343). Die „Anleitung" dazu, die er sich hier angelegen sein läßt, könnte „auch Eudämonologie genannt werden [...]: sie wäre demnach die Anleitung zu einem glücklichen Daseyn" (ebd.).

So weit, so gut, mag man sagen, und viel Kluges, auch psychologisch Scharfsichtiges, kann der Leser in den „Aphorismen" finden. Wer aber mit Schopenhauers philosophischem System schon bekannt sein sollte, muß sich nun doch sehr wundern. Wie hier in Teil II zu zeigen sein wird, ist für Schopenhauers Philosophie die These zentral, daß alles Leben Leiden ist. Er entfaltet diese These nicht nur, sondern begründet sie ‚metaphysisch'. Erlösung vom

Leiden ist nach seiner Überzeugung einzig auf dem Weg der Willensverneinung zu erlangen. Diesen Weg schlagen aber nur Ausnahmemenschen ein – die Asketen, die Heiligen. Von hier aus gibt es keine Brücke hinüber zu dem, was aus den „Aphorismen zur Lebensweisheit" mitzuteilen war. Allenfalls findet sich ein kleiner Steg von der im philosophischen System vorkommenden Kontemplation (als deren höchste Form Schopenhauer die Kunst ansieht) hin zu den ‚geistigen Genüssen', die in den „Aphorismen" als besonders beglückend gepriesen werden. Aber: Die Kontemplation wird sich als Ausnahmezustand erweisen, den niemand für sich lange aufrechterhalten kann. Und sie ließe sich nicht dagegen aufbieten, daß es für Schopenhauer am Nerv seiner Philosophie darauf ankommt, den Menschen auf den Weg der Verneinung des Willens zum Leben als den einzigen Erlösung versprechenden Weg zu weisen, auf den man gelangt entweder durch das Mit-leiden mit dem Leid aller übrigen Wesen dieser ‚schlechtesten aller möglichen Welten' oder durch besonders tiefes eigenes Leid. Das alles wird hier im folgenden Teil ausführlicher zur Sprache kommen. Jetzt geht es nur darum, den seltsamen Tatbestand herauszustellen, daß Schopenhauer in den „Aphorismen", einem Teil des letzten von ihm veröffentlichten Werks, also nachdem sein philosophisches System schon längere Zeit gedruckt vorlag, die „Anleitung zu einem glücklichen Daseyn" zu seiner Sache macht und sich der Lebensweisheit als der „Kunst, das Leben möglichst angenehm und glücklich durchzuführen" (vgl. oben) als Autor zuwendet. Über das Warum ließe sich vielleicht spekulieren. Das soll hier nicht geschehen. Unumgänglich dürfte aber die Frage sein, ob Schopenhauer etwas unternommen hat, um seinen Spagat dem Leser verständlich zu machen. In der „Einleitung" zu den „Aphorismen" liest man: Ein glückliches Dasein „ließe sich allenfalls definiren als ein solches, welches, [...] bei kalter und reiflicher Ueberlegung, dem Nichtseyn entschieden vorzuziehn wäre. Aus diesem Begriff desselben folgt, daß wir

41

daran hiengen, seiner selbst wegen, nicht aber bloß aus Furcht vor dem Tode; und hieraus wieder, daß wir es von endloser Dauer sehn möchten. Ob nun das menschliche Leben dem Begriff eines solchen Daseyns entspreche, oder auch nur entsprechen könne, ist eine Frage, welche bekanntlich meine Philosophie verneint; während die Eudämonologie die Bejahung derselben voraussetzt. Diese nämlich beruht eben auf dem angeborenen Irrthum, dessen Rüge das 49. Kapitel im 2. Bande meines Hauptwerks eröffnet" (8, 343). In dem von Schopenhauer angegebenen Kapitel wird der angeborene Irrtum benannt als „der, daß wir dasind, um glücklich zu seyn" (4, 743), und wird dieser irrigen Auffassung entgegengehalten: „Deutlich genug spricht aus dem ganzen menschlichen Daseyn das Leiden als die wahre Bestimmung desselben. Das Leben ist tief darin eingesenkt und kann ihm nicht entgehn: unser Eintritt in dasselbe geschieht unter Thränen, sein Verlauf ist im Grunde immer tragisch, und noch mehr sein Ausgang" (4, 745). Die „Eudämonologie" der „Aphorismen" baut auf dem Irrtum auf, den Schopenhauer in seinem Hauptwerk gerügt hat und der für ihn ein Irrtum bleibt. Wie ist ihm dann aber eine „Eudämonologie" überhaupt möglich? Antwort: „Um eine solche dennoch ausarbeiten zu können, habe ich daher gänzlich abgehn müssen von dem höheren, metaphysisch-ethischen Standpunkte, zu welchem meine eigentliche Philosophie hinleitet. Folglich beruht die ganze hier zu gebende Auseinandersetzung gewissermaaßen auf einer Ackommodation, sofern sie nämlich auf dem gewöhnlichen, empirischen Standpunkte bleibt und dessen Irrthum festhält" (8, 343). Jeder mag für sich entscheiden, ob ihn diese Auskunft befriedigt. Mir selbst erscheint der Wechsel von einem höheren Standpunkt zu einem *unwahren* (wenn auch noch so häufig wirklich vertretenen) empirischen Standpunkt nicht als statthaft. Und Schopenhauers Wechsel zu dem ‚empirischen' Standpunkt (von ihm vollzogen auch im Einklang mit eigenen Lebenserfahrungen) könnte ein Indiz dafür sein, daß dieser

Standpunkt nicht völlig abseits der Wahrheit liegt und daß anderseits der Satz ‚Das Leiden ist die wahre Bestimmung des ganzen menschlichen Daseins' der Einschränkung bedarf. Schopenhauer läßt übrigens in den „Aphorismen" den Pessimismus seines ‚höheren Standpunktes' des öfteren virulent werden, vielleicht, damit man dessen ‚Wahrheit' angesichts der „Eudämonologie" nicht völlig vergesse. –

Ich hatte in Aussicht gestellt, aus den ‚vereinzelten, jedoch systematisch geordneten Gedanken über vielerlei Gegenstände', die den zweiten Band der *Parerga und Paralipomena* ausmachen, drei Kapitel kurz vorzustellen. Das soll jetzt geschehen. Kapitel 9 hat den Titel: „Zur Rechtslehre und Politik". Schopenhauer beginnt es mit den Worten: „Ein eigenthümlicher Fehler der Deutschen ist, daß sie, was vor ihren Füßen liegt, in den Wolken suchen. Ein ausgezeichnetes Beispiel hievon liefert die Behandlung des *Naturrechts* von den Philosophieprofessoren. Um die einfachen menschlichen Lebensverhältnisse, die den Stoff desselben ausmachen, also Recht und Unrecht, Besitz, Staat, Strafrecht u.s.w. zu erklären, werden die überschwänglichsten, abstraktesten, folglich weitesten und inhaltsleersten Begriffe herbeigeholt, [...] während die Sachen selbst höchst einfach und begreiflich sind; wovon man sich überzeugen kann durch meine Darstellung derselben" (9, 261); es folgt (ebd.) Schopenhauers Hinweis auf § 17 seiner zweiten ethischen Preisschrift (6, 252 ff.; darin über Unrecht und Recht S. 256–258) und auf § 62 in *Die Welt als Wille und Vorstellung* I. Schopenhauer bekräftigt (mit Verweis auf *Die Welt als Wille und Vorstellung* II, Kap. 47) seine Staatsauffassung, daß nämlich der Staat „wesentlich eine bloße Schutzanstalt ist, gegen äußere Angriffe des Ganzen und innere der Einzelnen unter einander" (9, 263). Dabei gilt es zu sehen: „Es wird immer schon viel seyn, wenn die Staatskunst ihre Aufgabe so weit löst, daß möglichst wenig Unrecht im Gemeinwesen übrig bleibe: denn daß es ganz, ohne irgend einen Rest, geschehn sollte, ist bloß das ideale Ziel, welches nur approximativ erreicht werden kann" (9, 273). Wie schwer die Aufgabe des Staates Schopenhauer – bei seinem Bild vom Menschen – erscheint, findet man in „Ueber die Universitäts-Philosophie" formuliert: Die „schwere Aufgabe [...], *Menschen* zu regieren", bedeutet: „unter vielen Millionen eines, der großen Mehrzahl nach, gränzenlos egoistischen, ungerechten, unbilligen, unredlichen, neidischen, boshaften und dabei sehr beschränkten und queerköpfigen Geschlechtes, Gesetz, Ordnung, Ruhe und Frieden aufrecht zu erhalten und die Wenigen, denen irgend ein Besitz zu Theil geworden, zu schützen gegen die Unzahl Derer, welche nichts, als ihre Körperkräfte haben. Die Aufgabe ist so schwer, daß ich mich wahrlich nicht vermesse, über die dabei anzuwendenden Mittel mit ihnen [den Regierenden] zu rechten. Denn ‚ich danke Gott an jedem Morgen, daß ich nicht brauch' für's Röm'sche Reich zu sorgen' [*Faust I*, 2093 f.], – ist stets mein Wahlspruch gewesen" (7, 165). Diesem seinem Wahlspruch war Schopenhauer übrigens so getreu, daß er nie auf das politische Zeitgeschehen einzuwirken versucht hat und sich zu diesem auch nicht öffentlich geäußert hat.

Was im vorigen Zitat über die ‚große Mehrzahl' der Menschen und die schwierige Aufgabe des Regierens gesagt ist, läßt schon vermuten, daß Schopenhauer der Demokratie nichts Positives abzugewinnen weiß. So liest man denn in „Zur Rechtslehre und Politik": „Die Frage nach der Souverainität des Volkes läuft im Grunde darauf hinaus, ob irgend Jemand ursprünglich das Recht haben könne, ein Volk wider seinen Willen zu beherrschen. Wie sich Das vernünftigerweise behaupten lasse, sehe ich nicht ab. Allerdings also ist das Volk souverain: jedoch ist es ein ewig unmündiger Souverain, welcher daher unter bleibender Vormundschaft stehn und nie seine Rechte selbst verwalten kann, ohne gränzenlose Gefahren herbeizuführen" (9, 269 f.). Es ist „die monarchische Regierungsform die dem Menschen natürliche" (9, 276), und „der König ist der feste, unerschütterliche Pfeiler geworden, auf welchem allein die ganze gesetzliche Ordnung, und dadurch die Rechte Aller sich stützen und so bestehn" (9, 270).

Daß Schopenhauer im Revolutionsjahr 1848 seine Sympathie denen zuwendete, die für den Erhalt des Bestehenden kämpften, dürfte kaum noch verwundern. Locker berichtet er in einem Brief vom 2.3.1849 die aufschlußreiche kleine Episode: „Aber was haben wir erlebt! denken Sie sich, am 18. September eine Barrikade auf der Brücke und die Schurken bis dicht vor meinem Hause stehend, zielend und schießend auf das Militär in der Fahrgasse, dessen Gegenschüsse das Haus erschüttern: plötzlich Stimmen und Geboller an meiner verschlossenen Stubenthüre: ich, denkend, es sei die souveräne Kanaille, verrammle die Thür mit der Stange: jetzt geschehn gefährliche Stöße gegen dieselbe: endlich die feine Stimme meiner Magd: ‚es sind nur einige Oesterreicher!' Sogleich öffne ich diesen werthen Freunden: 20 blauhosige Stockböhmen stürzen herein, um aus meinen Fenstern auf die Souveränen zu schießen; besinnen sich aber bald, es gienge vom nächsten Hause besser. Aus dem ersten Stock rekognoscirt der Officier das Pack hinter der Barrikade: sogleich schicke ich ihm den großen doppelten Opernkucker" (*Briefe*, S. 234). Bemerkenswert auch, daß Schopenhauer „in seiner letztwilligen Verfügung vom 26. Juni 1852 zum Universalerben einsetzt: ‚den in Berlin errichteten Fonds zur Unterstützung der in den Aufruhr- und Empörungskämpfen der Jahre 1848 und 1849 für Aufrechterhaltung und Herstellung der gesetzlichen Ordnung in Deutschland invalide gewordenen Preußischen Soldaten, wie auch der Hinterbliebenen solcher, die in jenen Kämpfen gefallen sind'" (Hübscher, 1988, S. 122).

Nicht eben fortschrittlich denkt Schopenhauer über die „Staatsrechte" der Juden – sie sollen keine haben. Er spricht sich dafür aus, „daß man die Ehe zwischen den Juden und Christen gestatte, ja, begünstige […]. Dann wird es über 100 Jahre nur noch sehr wenige Juden geben, […] und das auserwählte Volk wird selbst

nicht wissen, wo es geblieben ist. Jedoch wird dieses wünschens-
werthe Resultat vereitelt werden, wenn man die Emancipation
der Juden so weit treibt, daß sie Staatsrechte, also Theilnahme an
der Verwaltung und Regierung christlicher Länder erhalten.
Denn alsdann werden sie erst recht *con amore* Juden seyn und
bleiben. Daß sie mit Andern gleiche bürgerliche Rechte genießen,
heischt die Gerechtigkeit: aber ihnen Antheil am Staat einzuräu-
men, ist absurd: sie sind und bleiben fremdes, orientalisches Volk,
müssen daher stets nur als ansässige Fremde gelten" (9, 286). –

Das Kapitel „Ueber die Weiber" (Kap. 27) zeigt Schopenhauer
nicht gerade als Vorreiter der Frauenbewegung (während nur
wenig später der englische Philosoph John Stuart Mill sich für die
Gleichberechtigung der Frauen stark machte – so mit seiner 1861
geschriebenen und 1869 veröffentlichten Schrift *The Subjection of
Women*). Schopenhauers Auslassungen über die Frauen haben unter
historischem Aspekt – wie man in den fortschrittlicheren Ländern
der Welt heute sagen darf – über weite Strecken geradezu Lehr-
buchcharakter. Das Weib, so Schopenhauer, „ist keineswegs geeignet, der Gegenstand unserer Ehrfurcht und Veneration zu seyn,
den Kopf höher zu tragen, als der Mann, und mit ihm gleiche Rechte zu haben. […] Die eigentliche Europäische Dame ist ein Wesen,
welches gar nicht existiren sollte; sondern Hausfrauen sollte es
geben und Mädchen, die es zu werden hoffen, und daher nicht zur
Arroganz, sondern zur Häuslichkeit und Unterwürfigkeit erzogen
werden" (10, 676). Frauen sind „das in *jedem* Betracht zurückste-
hende zweite Geschlecht, dessen Schwäche man demnach schonen
soll, aber welchem Ehrfurcht zu bezeugen über die Maaßen lächer-
lich ist und uns in ihren eigenen Augen herabsetzt. […] So haben
eben auch die Alten und orientalischen Völker die Weiber ange-
sehn und danach die ihnen angemessene Stellung viel richtiger
erkannt, als wir, mit unserer altfranzösischen Galanterie" (10, 675).

Die einzige Bestimmung der Frau ist die Fortpflanzung des
Menschengeschlechts (vgl. 10, 672). „Schon der Anblick der weib-

lichen Gestalt lehrt, daß das Weib weder zu großen geistigen, noch körperlichen Arbeiten bestimmt ist. Es trägt die Schuld des Lebens nicht durch Thun, sondern durch Leiden ab, durch die Wehen der Geburt, die Sorgfalt für das Kind, die Unterwürfigkeit unter den Mann, dem es eine geduldige und aufheiternde Gefährtin seyn soll" (10, 668). „Zu Pflegerinnen und Erzieherinnen unserer ersten Kindheit eignen die Weiber sich gerade dadurch, daß sie selbst kindisch, läppisch und kurzsichtig, mit Einem Worte, Zeit Lebens große Kinder sind: eine Art Mittelstufe, zwischen dem Kinde und dem Manne" (ebd.). „Der Mann erlangt die Reife seiner Vernunft und Geisteskräfte kaum vor dem achtundzwanzigsten Jahre; das Weib mit dem achtzehnten. Aber es ist auch eine Vernunft danach: eine gar knapp gemessene. Daher bleiben die Weiber ihr Leben lang Kinder, sehn immer nur das Nächste, kleben an der Gegenwart, nehmen den Schein der Dinge für die Sache und ziehn Kleinigkeiten den wichtigsten Angelegenheiten vor" (10, 669). Daß die Frauen ‚immer nur das Nächste sehen‘ und ‚an der Gegenwart kleben‘, hat nach Schopenhauer allerdings auch sein Gutes: Es läßt sie eine erträgliche Gegenwart ‚besser genießen‘, „woraus die dem Weibe eigenthümliche Heiterkeit hervorgeht, welche sie zur Erholung, erforderlichen Falles zum Troste des sorgenbelasteten Mannes eignet" (10, 670) – *und* es macht sie tauglich, in „schwierigen Angelegenheiten" den Männern Rat zu geben (ebd.). Dem dient auch, „daß die Weiber entschieden nüchterner sind, als wir" (ebd.). Ferner (und immerhin) wird vermerkt, „daß die Weiber mehr Mitleid und daher mehr Menschenliebe und Theilnahme an Unglücklichen zeigen, als die Männer" – doch folgt die Gegenrechnung auf dem Fuße, wenn Schopenhauer fortfährt: „hingegen im Punkte der Gerechtigkeit, Redlichkeit und Gewissenhaftigkeit, diesen nachstehn", nämlich „in Folge ihrer schwachen Vernunft" (10, 670; vgl. zur Ungerechtigkeit der Frauen auch den Fortgang bis zum Ende des § 366). Und wie steht es um die Schönheit von Frauen und um das weibliche Verhältnis zu Schönem? „Das niedrig gewachsene, schmal-schultrige, breithüftige und kurzbeinige Geschlecht das schöne nennen, konnte nur der vom Geschlechtstrieb umnebelte männliche Intellekt: in diesem Triebe nämlich steckt seine ganze Schönheit. Mit mehr Fug könnte man das weibliche Geschlecht das *unästhetische* nennen. Weder für Musik, noch Poesie, noch bildende Künste haben sie wirklich und wahrhaftig Sinn und Empfänglichkeit" (10, 673). Mädchen kann Schopenhauer allerdings Schönheit zuschreiben, die nicht nur Ergebnis des umnebelten männlichen Intellekts ist, sondern einer weisen Natur zu verdanken ist: „Mit den Mädchen hat es die Natur auf Das, was man, im dramaturgischen Sinne, einen Knalleffekt nennt, abgesehn, indem sie dieselben, auf wenige Jahre, mit überreichlicher Schönheit, Reiz und Fülle ausstattete, auf Kosten ihrer ganzen übrigen Lebenszeit; damit sie nämlich, während jener Jahre, der Phantasie eines Mannes sich in dem Maaße bemächtigen könnten, daß er hingerissen wird, die Sorge für sie auf Zeit Lebens, in irgend einer Form, ehrlich zu übernehmen" (10, 668). Männer sollen also sehr wohl für Frauen bis an deren Lebensende sorgen – „in irgend einer Form". In welcher Form am besten? „Ueber *Polygamie* ist gar nicht *zu streiten*, sondern sie ist als eine überall vorhandene Thatsache zu nehmen, deren bloße *Regulirung* die Aufgabe ist. Wo giebt es denn wirkliche Monogamisten? Wir Alle leben, *wenigstens* eine Zeit lang, meistens aber immer, in Polygamie. Da folglich jeder Mann viele Weiber braucht, ist nichts gerechter, als daß ihm frei stehe, ja obliege, für viele Weiber zu sorgen. Dadurch wird auch das Weib auf ihren richtigen und natürlichen Standpunkt, als subordinirtes Wesen, zurückgeführt, und die *Dame*, dies Monstrum Europäischer Civilisation und christlich-germanischer Dummheit, mit ihren lächerlichen Ansprüchen auf Respekt und Verehrung, kommt aus der Welt, und es giebt nur noch *Weiber*, aber auch keine *unglücklichen* Weiber mehr, von welchen jetzt Europa voll ist" (10, 679). Daß für die

‚unglücklichen' (und etwa auch glücklichen) ‚Weiber' Europas das Erbrecht beschränkt werden sollte, dafür plädiert Schopenhauer im anschließenden, letzten Paragraphen dieses Kapitels. Anläßlich des Kapitels mag man sich erinnern, daß seine Mutter, als es zum Bruch mit ihm kam, unter dem, was sie als für sie unerträglich aufzählte, auch „Deine Verachtung gegen mein Geschlecht" nannte; das war 1814, also lange vor den *Parerga und Paralipomena* (die Briefstelle wurde hier früher zitiert).

Nachdem Schopenhauer im vorigen mehrfach als stark konservativ und seiner Zeit verhaftet begegnet ist, soll an dieser Stelle in Parenthese bemerkt werden, daß er sehr wohl auch zeitkritisch-fortschrittlich sein kann. In den „Aphorismen zur Lebensweisheit" setzt er sich sehr ausführlich mit dem ‚Kodex der ritterlichen Ehre' auseinander, und zwar in der Absicht, durch philosophische Aufklärung dazu beizutragen, daß der Unfug des Duellierens ein Ende finde (vgl. 8, 404 ff., besonders auch 425 f.).

Doch nun zu dem letzten der drei Kapitel aus dem zweiten Band der *Parerga und Paralipomena*, die hier berührt werden sollen: zu Kapitel 15, „Ueber Religion". Es ist etwa 75 Seiten stark. Sein erster und längster Paragraph hat die Form eines Dialogs. Schopenhauer erweist damit Hume seine Reverenz, dessen *Dialoge über natürliche Religion* er außerordentlich geschätzt hat. In seinem eigenen Dialog läßt er sich selbst durch Philalethes (den Freund des Wahren) vertreten, und der gibt u. a. zu bedenken: Für „die Fortschritte der Erkenntniß der Wahrheit im Menschengeschlecht [...] ist es eine erschreckliche Sache, daß Jedem, wo immer auch er geboren sei, schon in frühester Jugend gewisse Behauptungen eingeprägt werden, unter der Versicherung, daß er, bei Gefahr sein ewiges Heil zu verwirken, sie nie in Zweifel ziehn dürfe; sofern nämlich, als es Behauptungen sind, welche die Grundlage aller unserer übrigen Erkenntnisse betreffen, demzufolge für diese den Gesichtspunkt auf immer feststellen und, falls sie selbst falsch sind, ihn auf immer verrücken" (10, 364 f.) – und kurz darauf: „während des ganzen

Christlichen Zeitraums liegt der Theismus wie ein drückender Alp auf allen geistigen, zumal philosophischen Bestrebungen und hemmt, oder verkümmert, jeden Fortschritt" (10,365). Vom ‚christlichen Zeitraum' zu sprechen, heißt aber für Philalethes-Schopenhauer fast schon, von der Vergangenheit zu sprechen, denn wir sehen „im 19ten Jahrhundert das Christenthum sehr geschwächt dastehn, vom ernstlichen Glauben fast ganz verlassen, ja, schon um seine Existenz kämpfend" (10,382). Das ist nach Philalethes das Ergebnis der Fortschritte, die seit dem Ende des 15. Jahrhunderts in Europa in den Wissenschaften und in der Philosophie gemacht wurden (vgl. ebd.). Der Verlust von Religion aufgrund von Erkenntnisfortschritten zeigt sich ihm keineswegs als nachteilig für „Staat, Recht und Gesetz", denn diese bedürfen der „Beihülfe der Religion und ihrer Glaubensartikel" nicht (10,367). Und was den ‚moralisierenden Einfluß der Religionen' betrifft, so meint er: „Wie groß und gewiß müßte [...] nicht dieser seyn, um einen Ersatz zu bieten für die Gräuel, welche die Religionen, namentlich die Christliche und Mohammedanische, hervorgerufen und den Jammer, welchen sie über die Welt gebracht haben!" (10,393 – dazu die Beispiele im Fortgang des Textes). Einige weitere Themen des Kapitels sollen hier durch die Nennung (ausgewählter) Paragraphentitel angezeigt werden: „Glauben und Wissen"; „Offenbarung"; „Ueber das Christenthum"; „Ueber Theismus"; „Altes und Neues Testament". –

Wie dargestellt, war Schopenhauer 1833 endgültig nach Frankfurt am Main gezogen. Von seinem Leben dort berichten, heißt für die Zeit bis zum Abschluß der *Parerga und Paralipomena*: von seiner Arbeit, von seinen in diesem Zeitraum entstandenen Werken berichten. Das ist im vorigen geschehen. Nach 1851, d.h. nach dem Erscheinen der *Parerga und Paralipomena*, seines letzten Werkes, veränderte sich dann aber sein Leben. Der Durchbruch zur Anerkennung vollzog sich, und die Sonne des Erfolges, ja des Ruhmes beschien seine Tage, bis er 1860, 72jährig, starb.

Die neue, kaum noch erhoffte Lebenslage seiner späten Jahre machte es Schopenhauer möglich, die Bitterkeit zu überwinden, die sich in der langen Zeit des Unbeachtetseins in ihm angesammelt hatte. Das hat sich auch auf seinen Umgang mit den Mitmenschen positiv ausgewirkt. „Eine stille Heiterkeit liegt über seinen letzten Lebensjahren. […] Er ist zugänglicher und mitteilsamer als früher" (Hübscher, 1988, S. 141).

Schopenhauer hatte in den *Parerga und Paralipomena* das nunmehr eingetretene ‚plötzliche Ende‘ von Hegels „Gloria" (7, 163; schon zitiert) vermerkt, nicht ahnend, daß das Sinken von Hegels Ruhm in der zeitgenössischen Öffentlichkeit seinen eigenen Durchbruch begünstigen würde. Übrigens waren es die *Parerga und Paralipomena*, die das Interesse für Schopenhauers Werk geweckt haben.

Wichtig für Schopenhauers Durchbruch war der Engländer John Oxenford. Er rezensierte 1852 die *Parerga und Paralipomena* in der Westminster Review, wandte sich dann Schopenhauers Hauptwerk zu und veröffentlichte 1853 in derselben Zeitschrift den Artikel *Iconoclasm in German Philosophy* (Bildersturm in der deutschen Philosophie – gemeint ist Schopenhauers Frontmachen gegen Hegel, Fichte und Schelling). Der Artikel erschien auch in deutscher Übersetzung (in der Vossischen Zeitung) und fand in Deutschland zahlreiche Leser. Es folgten Schopenhauer thematisierende Artikel in Frankreich und Italien. Schopenhauer wurde von deutschen Philosophen in ihren Arbeiten erörtert (so von Johann Eduard Erdmann in *Die Entwicklung der deutschen Spekulation seit Kant*, 1853). 1856 stellte die Philosophische Fakultät der Universität Leipzig die Preisaufgabe „Darlegung und Kritik der Schopenhauerschen Philosophie". 1857 wurde Schopenhauer erstmals Thema philosophischer Vorlesungen (Universitäten Bonn und Breslau). 1858, im Jahr seines 70. Geburtstags, bot ihm die Königliche Akademie der Wissenschaften in Berlin die Mitgliedschaft an; Schopenhauer lehnte ab.

Schopenhauer hatte schon 1847, vor Erscheinen der *Parerga und Paralipomena*, eine Neuauflage seiner Dissertation *Ueber die vierfache Wurzel des Satzes vom zureichenden Grunde* (in neu bearbeiteter Form – vgl. seine Vorrede zur 2. Auflage) erreicht, die damals allerdings unbeachtet blieb. Jetzt, genauer gesagt in der Zeit von 1854 bis 1860, bestand Bedarf für Neuauflagen weiterer wichtiger Werke (die seinerzeit so hart erkämpfte 2. Auflage des Hauptwerks war 1858 vergriffen!), und nun gab es auch Honorar. Schopenhauer nahm für die Neuauflagen ‚Nachbesserungen' vor (vgl. die Vorreden zu den zweiten Auflagen von *Ueber das Sehn und die Farben, Ueber den Willen in der Natur* und *Die beiden Grundprobleme der Ethik* sowie die Vorrede zur dritten Auflage des Hauptwerks). Er beschäftigte sich also noch einmal intensiv mit seinen Schriften.

Währenddessen wuchs und formierte sich Schopenhauers Anhängerschaft (vereinzelte Anhänger hatte es schon eine Zeitlang gegeben – vgl. Hübscher, 1988, S. 112 f. und 115 f.). Dazu vermerkt Hübscher (ebd., S. 128): „Schon ist das Zufällige und Flüchtige der früheren Beziehungen den dauernden und gefestigten Formen einer Schule gewichen. […] Vor allem gilt es, die Feder für den Meister zu ergreifen, und nicht minder alles, was über ihn und seine Philosophie veröffentlicht wird, zu seiner Kenntnis zu bringen." Wenn Anhänger, die sich für ihn engagierten, ihm selbst gegenüber Kritisches oder Fragliches verlauten ließen, war er davon nicht erbaut: „Wenn seine Anhänger, Freunde und Schüler Bedenken äußern oder näheren Aufschluß suchen, speist er sie mit einer meist unwilligen Erklärung oder Erläuterung ab: Man könne alles, was zu sagen ist, in seinen Werken finden. Einmal macht er eine Ausnahme: er führt eine philosophische Korrespondenz mit seinem scharfsinnigsten Anhänger, Johann August Becker. Er bricht die Diskussion ab, als er argwöhnt, der andere disputiere nur um des Disputierens willen" (Hübscher, 1982, S. 193).

Der bedeutendste Zeitgenosse, der Schopenhauer seine Verehrung bezeugte, war Richard Wagner; ihm zeigte Schopenhauer
allerdings die kalte Schulter (vgl. die Ausführungen zu Wagner in
Teil III). Im übrigen wimmelte es nun geradezu von Verehrern
aus vieler Herren Ländern. Man suchte den Englischen Hof in
Frankfurt auf, um Schopenhauer zu sehen, der dort täglich spei-
ste. Zu seinem 70. Geburtstag wurde er mit Aufmerksamkeiten
überhäuft. Auch ließ er Porträts von sich malen, ja, man höre und
staune, er ließ in seiner Wohnung eine junge Bildhauerin (ein
Weib) eine Büste von ihm schaffen. Der unlängst erwähnte
Johann August Becker schreibt 1857 über Schopenhauer in einem
Brief: „Er freut sich der vielen Zeugen seines in geometrischer
Progreßion wachsenden Ruhms: Huldigungen u Anfechtungen
mancherlei Art – u aus den verschiedensten Lebenskreisen: – von
Studenten u Profeßoren, Handwerkern, Künstlern, Soldaten,
Diplomaten, Pastoren und Blaustrümpfen; – mündlich, geschrie-
ben und gedruckt" (*Gespräche*, S. 81 f.). ‚Er freut sich' an dem, was
er „die Komödie meines Ruhmes" nennt (ebd., S. 308 und 306) –
und wie gut, daß er sich freut. –

Schopenhauers Leben endete am 9. September 1860, seine
Wirkung aber nicht.

II. Das philosophische System

Von Kant zu Schopenhauers Grundansatz

Schopenhauer ‚verdankt das Beste seiner eigenen Entwicklung‘ auch und besonders Kant, wie er selbst (in einer schon zitierten Äußerung) bekennt. Aber er überschreitet Kants Philosophie auch, und das in einer Weise, die Kant niemals gebilligt hätte. Ja, er attackiert Kant an einem Nerv seiner Philosophie: Er negiert den kategorischen Imperativ und die Freiheit des Handelns. (Die Auseinandersetzung mit Kants Ethik führt Schopenhauer vor allem in seiner *Preisschrift über die Grundlage der Moral.*) Auch verschließt er diejenige metaphysische Dimension, die Kant – auf dem Weg über seine praktische Philosophie und über die Teleologie der Natur – für einen Vernunftglauben eröffnet hatte und die u. a. in den Paragraphen 86 („Von der Ethikotheologie") und 87 („Von dem moralischen Beweise des Daseins Gottes") der *Kritik der Urteilskraft* betreten wird. Auch an Kants theoretischer Philosophie, wie sie in der *Kritik der reinen Vernunft* vorliegt, übt er Kritik – dies ist der überwiegende Inhalt des „Anhangs" zum ersten Band von *Die Welt als Wille und Vorstellung.*

Sein Verhältnis zu Kant drückt er auch in einem Bild aus, mit dem er, bei aller Bewunderung für Kant, seine eigenen Verdienste nicht allzu bescheiden ins Licht rückt. Die „Hauptschriften Kants" sind ihm die ‚wichtigste Erscheinung‘, „welche seit zwei Jahrtausenden in der Philosophie hervorgetreten ist [...]. Die Wirkung, welche sie in dem Geiste, zu welchem sie wirklich reden, hervorbringen, finde ich in der That [...] der Staaroperation am Blinden gar sehr zu vergleichen: und wenn wir das Gleichniß fortsetzen wollen, so ist mein Zweck dadurch zu bezeichnen, daß ich Denen, an welchen jene Operation gelungen ist, eine Staarbrille habe in die Hand geben wollen, zu deren Gebrauch also jene Operation selbst die nothwendigste Bedingung ist" (1, 10). Also: Ohne Kants „Operation" wird niemand philosophisch sehend; aber wenn der Operierte nicht Schopenhauers Brille aufsetzt, war die Operation ganz sinnlos. Ob alle Kant-Kenner Schopenhauer in dieser Einschätzung vorbehaltlos folgen würden, bleibe dahingestellt. Auch sollen die Kant-Bezüge hier im Fortgang vernachlässigt werden, damit das Eigene der Philosophie Schopenhauers in seiner inneren Geschlossenheit um so besser hervortrete. Zum Einstieg in Schopenhauers Philosophie muß aber Kant verhelfen.

Worum es dabei geht, das ist Kants fundamentale und folgenschwere Unterscheidung der Dinge an sich selbst von den Erscheinungen. Schopenhauer bezeichnet diese Unterscheidung als „*Kants größtes Verdienst*" (2, 514), und seine eigene Philosophie beruht gänzlich auf ihr. (Es wird sich allerdings zeigen, daß Schopenhauer gerade auch an diesem entscheidenden Punkt über Kant hinausschreitet.) Was hat es mit dieser Unterscheidung bei Kant auf sich? Wie kommt es überhaupt zu ihr – d. h.: wodurch wird sie für Kant zwingend?

Kants Philosophie ist wesentlich Vernunftkritik. Er beginnt sein kritisches Werk mit der Kritik unserer theoretischen Vernunft, unseres Erkenntnisvermögens – mit der *Kritik der reinen Vernunft*. „Kritik" (von griechisch krinein) bedeutet hier: scheiden, was unsere erkennende Vernunft vermag, von dem, was sie nicht vermag; „Kritik" meint also hier, der menschlichen Vernunft ihre Grenzen ausmessen, ihr innerhalb ihrer Grenzen Verläßlichkeit geben und sie davon abhalten, ihre Grenzen zu ‚überfliegen'. In der *Kritik der reinen Vernunft* geht Kant an sein kritisches Geschäft, indem er die zwei Stämme unseres Erkenntnisvermögens zunächst einmal isoliert betrachtet. Kant sieht nämlich die menschliche Erkenntnis aus zwei Grundquellen entspringen, aus der Sinnlichkeit und aus dem Verstand. Die Sinnlichkeit ist das Vermögen, Vorstellungen zu empfangen, und diese Vorstellungen sind Anschauungen. Der Verstand ist das Vermögen, Vorstellungen selbsttätig hervorzubringen, und diese Vorstellungen sind Begriffe. Sinnlichkeit und Verstand, sinnliche Anschauungen und Begriffe, sind nach Kant von gleichem Wert. Denn nur vereinigt geben sie uns Erkenntnis von Gegenständen. Ohne Verstand, ohne Begriffe kann nichts erkannt werden, das ist klar. Begriffe aber haben nur in der Vereinigung mit sinnlichen Anschauungen Bezug auf seiende Gegenstände; allein für sich bleiben sie leer, fassen sie nichts Seiendes. So weit, so gut.

Kants Kritik unseres Erkenntnisvermögens nun, wie gesagt, betrachtet (zunächst einmal) Sinnlichkeit und Verstand je für sich. Und in beiden Untersuchungen kommt Kant zu dem revolutionären Ergebnis, daß wir erkennend niemals die Dinge so zu fassen bekommen, wie sie an sich selbst sind, wie sie sind ganz unabhängig von uns und unseren Erkenntnisbedingungen.

Die Wissenschaft von unserer Sinnlichkeit heißt bei Kant transzendentale Ästhetik und macht den ersten Teil der *Kritik der reinen Vernunft* aus. Sie untersucht Raum und Zeit. Denn alles, was uns durch die Sinne gegeben wird, ordnen wir in räumliche und zeitliche Verhältnisse, in Verhältnisse des Nebeneinander und des Nacheinander. Kant gelangt bei seiner kritischen Prüfung der Sinnlichkeit zur ‚Idealität‘ von Raum und Zeit. Das bedeutet: Raum und Zeit gibt es nur in unserer Vorstellung und durch uns, die vorstellenden Subjekte. An dieser Stelle empfiehlt es sich sehr, Schopenhauer zu hören: „Wenn an den Aufschlüssen, welche *Kants* bewunderungswürdiger Tiefsinn der Welt gegeben hat, *irgend etwas* unbezweifelt wahr ist, so ist es die *transscendentale Aesthetik*, also die Lehre von der Idealität des Raumes und der Zeit. Sie ist so klar begründet, daß kein irgend scheinbarer Einwand dagegen hat aufgetrieben werden können. Sie ist *Kants* Triumph und gehört zu den höchst wenigen metaphysischen Lehren, die man als wirklich bewiesen und als eigentliche Eroberungen im Felde der Metaphysik ansehn kann. Nach ihr also sind Raum und Zeit die Formen unsers eigenen Anschauungsvermögens, gehören diesem, nicht den dadurch erkannten Dingen an, können also nimmermehr eine Bestimmung der Dinge an sich selbst seyn; sondern kommen nur der *Erscheinung* derselben zu" (6, 308). Also: Raum und Zeit sind „die Formen unsers eigenen Anschauungsvermögens". Wir, die Anschauenden, bringen sie mit – als die Bedingungen, unter denen allein wir etwas anschauen können. Das heißt nun aber gerade: Raum und Zeit kommen den Dingen selbst, so wie sie sind unabhängig davon, daß wir sie anschauen, überhaupt nicht zu. Die Dinge an sich selbst stehen nicht in räumlichen und zeitlichen Verhältnissen. Und deshalb müssen wir von den Dingen an sich selbst unterscheiden die Dinge als Erscheinungen – die Dinge, so wie sie uns erscheinen unter den subjektiven Bedingungen unserer Sinnlichkeit. Dazu sei angemerkt: Es hieß, Raum und Zeit seien die Bedingungen, unter denen wir Menschen etwas anschauen können. So denkt es Kant – und auch Schopenhauer. Schopenhauer weicht aber darin von Kant auf sehr charakteristische Weise ab, daß er die subjektiven Bedingungen unseres Anschauens als „physiologische Bedingungen" auffaßt und sagt, unser Bewußtsein der Erscheinungen ‚beruhe' „auf einer organischen Funktion" (ebd.). Solche Äußerungen wären in Kants transzendentaler Ästhetik undenkbar. Kant bringt nicht den menschlichen Leib in die Betrachtung ein, Schopenhauer tut das.

Ehe sogleich Kants Untersuchung des zweiten Stammes unseres Erkenntnisvermögens zu skizzieren sein wird, möge Schopenhauer selbst das gerade Ausgeführte in eine Gedankenlinie auszeichnen, die schon bestens in sein eigenes Denken hineinführt. Es ist ein wichtiger, von ihm immer wieder ausgesprochener Gedanke, daß Raum und Zeit die Dinge individuieren. Das Problem der Individuation ist ein altes philosophisches Problem und hat insbesondere auch die Philosophen des Mittelalters beschäftigt. Es ist die Frage: Wodurch gibt es Einzelwesen? Was kommt dafür auf, daß die Dinge nicht nur durch ihr Wesen bestimmt sind, sondern daß Dinge mit demselben Wesen als voneinander verschiedene und getrennte existieren? Was macht es also z. B., daß Steine, obwohl sie alle darin übereinkommen, Steine zu sein, doch als voneinander verschiedene, einzelne Steine vorliegen; und entsprechend etwa bei Hunden oder bei Häusern? Da Schopenhauer, wie sich zeigen wird, Platons Ideen (in verwandelter Form) übernimmt, besteht diese Frage auch für ihn; und er beantwortet sie eben, indem er Raum und Zeit als principium individuationis auffaßt. Den lateinischen Ausdruck kann man übersetzen mit: Prinzip/Grund/Anfangsgrund der Vereinzelung (oder, grammatisch ungenauer: der Einzelwesen). Leisten Raum und Zeit Vereinzelung? Das ist unbestreitbar. Denn: Was ‚hier und jetzt' ist, ist dadurch von allem anderen, das sonst noch in Raum und Zeit gegeben sein kann, unterschieden. Jetzt seiend, und nicht damals oder künftig – sowie jetzt hier seiend und nicht da oder dort, ist etwas ein Einzelnes, ein von anderem Verschiedenes – ist es verschieden eben gerade auch von anderem derselben Art. Man sieht leicht, daß das principium individuationis für Vielheit aufkommt – für Vielheit jedenfalls von Dingen derselben Art, desselben Wesens.

Doch zurück zu dem Punkt, um den es im Augenblick geht. Schopenhauer übernimmt aus Kants transzendentaler Ästhetik das Ergebnis, daß Raum und Zeit den Dingen an sich selbst nicht zukommen, sondern nur den Dingen als Erscheinungen, den Dingen also, so wie sie sind für uns, in unserem Vorstellen, unter den Bedingungen unseres Anschauungsvermögens. Raum und Zeit individuieren aber die Dinge und kommen für Vielheit auf. Schopenhauer folgert: „Ist aber dem Dinge an sich, d. h. dem wahren Wesen der Welt, *Zeit* und *Raum* fremd; so ist es nothwendig auch die *Vielheit*: folglich kann dasselbe in den zahllosen Erscheinungen dieser Sinnenwelt doch nur Eines seyn, und nur das Eine und identische Wesen sich in diesen allen manifestiren. Und umgekehrt, was sich als ein *Vieles*, mithin in Zeit und Raum darstellt, kann nicht Ding an sich, sondern nur *Erscheinung* seyn" (ebd.). Hier läßt sich – wenngleich für jetzt nur erst vorläufig – ein Grundgedanke Schopenhauers fassen. Schopenhauer spricht von *dem* Ding an sich, das ein einzig Eines ist. Er erklärt das für eine Konsequenz aus Kants Philosophie, die Kant selbst nicht gezogen habe (vgl. 6, 310). Das Ding an sich ist Eines; Vielheit in Raum und Zeit gehört ganz in die Sphäre unseres Vorstellens, gibt es nur für unser Vorstellen und in ihm. Es wird sich gleich zeigen, daß „Vorstellung" und „Erscheinung" bei Schopenhauer weniger bedeutet als bei Kant – Vorstellung ist ihm nämlich ‚bloße Vorstellung', ‚nur Vorstellung', und Erscheinung rückt in die Nähe von Schein. Wird das hier schon einmal vorausgesetzt, dann ist verständlich, daß Schopenhauer die Gedankenlinie folgendermaßen weiter auszieht: Es hieß zuvor: „was sich als ein *Vieles*, mithin in Zeit und Raum darstellt, kann nicht Ding an sich, sondern nur *Erscheinung* seyn." Schopenhauer nennt dies nun die „Lehre, daß alle Vielheit nur scheinbar sei", und von dieser, für seinen Grundansatz so wichtigen Lehre sagt er weiter: „Diese Lehre, daß alle Vielheit nur scheinbar sei, daß in allen Individuen dieser Welt, in so unendlicher Zahl sie auch, nach und neben einander, sich darstellen, doch nur Eines und das selbe, in ihnen allen gegenwärtige und identische, wahrhaft seiende Wesen sich manifestire, diese Lehre ist freilich lange vor *Kant*, ja, man möchte sagen, von jeher dagewesen. Denn zuvörderst ist sie die Haupt- und Grundlehre des ältesten Buches der Welt, der heiligen V*eden*, deren dogmatischer Theil, oder vielmehr esoterische Lehre, uns in den *Upanischaden* vorliegt" (6, 308 f.). Man sieht, wie selbstverständlich Schopenhauer, nachdem er Raum und Zeit als principium individuationis gefaßt hat, von Kant her auf die altindische Weisheit zurückgeht. Er setzt dabei für die Erscheinungen, wie schon angedeutet und noch näher auszuführen, einen Akzent, der bei Kant fehlt. Das wird in der folgenden Äußerung ganz deutlich: „Gehört demnach Vielheit und Geschiedenheit allein der bloßen *Erscheinung* an, und ist es Ein und das selbe Wesen, welches in allem Lebenden sich darstellt; so ist diejenige Auffassung, welche den Unterschied zwischen Ich und Nicht-Ich aufhebt, nicht die irrige: vielmehr muß die ihr entgegengesetzte dies seyn. Auch finden wir diese letztere von den Hindus mit dem Namen *Maja*, d.h. Schein, Täuschung, Gaukelbild, bezeichnet" (6,310). Hier muß zunächst noch klarer herausgestellt werden, daß mit Erscheinungen nicht nur die Dinge außer uns gemeint sind, sondern auch wir Menschen – als leibliche Wesen, die im Raum und in der Zeit sind, ja als vorstellende Wesen, die ihre eigenen Zustände in zeitlicher Folge vorstellen. Die ‚wahre' Auffassung, daß es ein und dasselbe Wesen ist, welches in allem Einzelnen sich darstellt, durchschaut gerade auch die Unterschiede der menschlichen Individuen von den Dingen, ja sogar voneinander, als Schein, als Täuschung, als Gaukelbild. An sich ist alles Eins, alle Dinge und alle Menschen. So alt nach Schopenhauer diese Einsicht als bewußte und artikulierte auch ist, sind die Menschen doch zumeist dem Gaukelbild der Vielheit verhaftet, halten sie fälschlich das Viele und die Vielen für das Reale. Deshalb spricht Schopenhauer oft auch vom *Schleier* der Maja. Dieser Schleier verbirgt die Wahrheit – die Wahrheit nämlich, daß das principium individuationis seinen Ursprung und Sitz bloß in unserem Vorstellen hat und daß es im Grund der Dinge Individuen nicht gibt. Aufgabe der Philosophie ist es, diesen Schleier zu zerreißen.

Für die menschliche Selbsterkenntnis und das menschliche Selbstverständnis bedeutet das Zerreißen des Schleiers der Maja, pointiert noch einmal gesagt: Die Kenntnis, die wir von uns haben können, ist „keineswegs eine vollständige und erschöpfende, vielmehr sehr oberflächlich, und dem größern, ja, hauptsächlichen Theil nach sind wir uns selber unbekannt und ein Räthsel, oder, wie *Kant* sagt: Das Ich erkennt sich nur als Erscheinung, nicht nach dem, was es an sich seyn mag. Jenem andern Theile nach, der in unsere Erkenntniß fällt, ist zwar Jeder vom Andern gänzlich verschieden: aber hieraus folgt noch nicht, daß es sich eben so verhalte hinsichtlich des großen und wesentlichen Theiles, der Jedem verdeckt und unbekannt bleibt. Für diesen ist also wenigstens eine Möglichkeit übrig, daß er in Allen Eines und identisch sei" (6, 307). Später wird sich zeigen, daß Schopenhauer den großen, wesentlichen, im Sinne strenger Erkenntnis uns unbekannten Teil in uns doch bestimmt, indem er nämlich ‚*das*‘ Ding an sich denkt und bestimmt. Solches Denken wird vom Erkennen abzuheben sein. –

Zwei Grundquellen menschlicher Erkenntnis sah Kant und nahm sie sich mit dem Ziel der Vernunftkritik getrennt vor. Der eine Gedankenstrang wurde im vorigen verfolgt, und dabei ergab sich eine Hinführung zu zentralen Gedanken Schopenhauers. Der andere Gedankenstrang ist jetzt zu thematisieren. Er wird an den Anfang von Schopenhauers Hauptwerk versetzen.

Der zweite Stamm unseres Erkenntnisvermögens ist der Verstand. Er erzeugt spontan Begriffe. Er erkennt durch seine Begriffe Gegenstände, wenn er die Begriffe auf Anschauungen bezieht. Soweit diese Anschauungen auf Affektion unserer Sinne beruhen, also empirisch sind, ist die Erkenntnis des Verstandes Erfahrung. (Der Verstand kann seine Begriffe auch auf reine Anschauungen beziehen, d. h. auf die Anschauungsformen von Raum und Zeit – z. B. in der Mathematik. Das mag hier beiseite bleiben.)

Wie gesagt: Die Anschauungen, die unsere Sinnlichkeit empfängt dadurch, daß Dinge unsere Sinne affizieren, sind empirische Anschauungen (Wahrnehmungen); und die Erkenntnis, die der Verstand bezüglich des in solchen Anschauungen Gegebenen vollzieht, heißt bei Kant Erfahrung. Nun ist aber aus dem früheren klar, daß diese Erkenntnisart es mit *Erscheinungen* zu tun hat, nicht mit den Dingen an sich selbst. Das heißt: Die Natur, als Gegenstandsbereich unserer Erkenntnis, besteht aus Erscheinungen. Und da ergibt sich die Frage: Wenn Natur für uns nur aus Erscheinungen besteht, mit welchem Recht sprechen wir dann überhaupt noch von Natur? Ist unter Natur denn nicht der Bereich des Wirklichen zu verstehen? Und muß man, wenn die Natur aus Erscheinungen bestehen soll, nicht befürchten, daß die Wirklichkeit der Natur und ihr gesetzmäßiger Zusammenhang sich auflösen in bloße Vorstellungen? Kant glaubt, diese Bedenken mit guten Gründen zerstreut zu haben.

Er begegnet dem Problem zunächst einmal mit einer revolutionären Antwort: Die Natur, als Inbegriff von Erscheinungen, *ist* ein gesetzmäßiger Zusammenhang von Wirklichem, weil unser Verstand ihr – a priori, d. h. unabhängig von aller Erfahrung und vor ihr – formale Gesetze gibt. Die Erscheinungen richten sich nach diesen, von uns ihnen vorgeschriebenen Gesetzen. Ein sehr wichtiges formales Gesetz, das unser Verstand der Natur vorschreibt, ist das Kausalgesetz (der „Grundsatz der Zeitfolge nach dem Gesetze der Kausalität", wie Kant sagt). Ihm wird man bei Schopenhauer wiederbegegnen – als einer Gestalt des Satzes vom zureichenden Grund. Durch das Gesetz der Kausalität, das in uns seinen Ursprung hat, konstituiert sich nach Kant für uns Natur als gesetzmäßig bestimmter Wirkzusammenhang. Aufgrund dieser Konstitution können wir in empirischen Gesetzen Naturgeschehen erkennen.

Noch einmal sei festgehalten: Erscheinungen sind Gegenstände empirischer Anschauungen. Ihren Stoff empfangen wir mittels der Sinne. Ihre Form bringen wir in den Anschauungsformen Raum und Zeit a priori selbst auf. Die so verstandenen Erscheinungen stehen auch unter der Gesetzgebung unseres Verstandes. Unter der formalen Gesetzgebung unseres Verstandes, die wir *vor* der Erfahrung vollziehen, machen die Erscheinungen die Natur als Inbegriff der Gegenstände der Erfahrung aus. Und: Kants Auffassung dieser Natur enthält – nach seinem eigenen Zeugnis – die Vorstellung, daß die Dinge (als Erscheinungen) außerhalb unserer Begriffe von ihnen da sind, wirklich sind, und daß es sich beim Naturgeschehen um wirkliches Geschehen handelt, nicht jedoch um etwas bloß Vorgestelltes. Unglücklicherweise gibt es bei Kant aber auch andere Äußerungen, die die Erscheinungen samt ihrer Existenz gänzlich im Bereich unserer Vorstellungen ansiedeln. Wenn man diesen verschiedenartigen Verlautbarungen Kants Rechnung trägt, dann wird man die Sachlage so sehen müssen: Dinge als Erscheinungen existieren nur in uns. Anders gesprochen: In unsere Vorstellung fällt der Unterschied der Wirklichkeit der Erkenntnisgegenstände und ihres bloßen Vorgestelltseins.

Diese Sachlage ist aber nicht geeignet, das früher geäußerte Bedenken auf befriedigende Weise auszuräumen. Es wurde so formuliert: Muß man, wenn die Natur aus Erscheinungen besteht, nicht argwöhnen, daß die Wirklichkeit der Natur und ihr gesetzmäßiger Zusammenhang sich auflöst in bloße Vorstellung? Kant selbst sieht, daß er noch etwas mehr zu diesem Problem sagen muß. Und er tut es, indem er die Frage erörtert, ob unsere Erkenntnis der Erscheinungen ein bloßer Schein sei. Er verneint die Frage. Zunächst klärt er, was das heißen würde, unsere Erkenntnis der Erscheinungen sei bloßer Schein. Es hieße, daß wir aus bloß subjektiven Gründen den Erscheinungen Wirklichkeit zusprächen und diese subjektiven Gründe für objektive hielten. So verhält es sich nach Kant aber nicht. Vielmehr sieht er einen objektiven Grund für die Überzeugung, daß Erscheinungen eine Wirklichkeit zukommt, die nicht bloß gedacht ist. Er erblickt diesen objektiven Grund in den Dingen an sich selbst. Diese sind unerkannt, und doch sind sie da. Erkennen können wir sie nicht, aber ihr Dasein denken, das können, ja müssen wir. Denn: ohne sie ergäbe sich der Widersinn, daß wir von Erscheinungen sprechen, und es wäre gar nichts da, das da erscheint. Wir denken die

Dinge an sich selbst als Ursachen der Erscheinungen. Wir denken, daß die Dinge an sich selbst es sind, die unsere Sinne affizieren und uns den Stoff zur Erkenntnis geben (den wir nur gemäß den subjektiven Bedingungen unseres Erkenntnisvermögens zu Gegenständen verarbeiten können). Wir denken *dieselben* Dinge einerseits als Dinge an sich selbst, andererseits als Erscheinungen. Als Dinge an sich selbst affizieren sie uns und *sind* also. Und insofern liegen sie den Erscheinungen, den Gegenständen unserer Erkenntnis, zugrunde. Eben deshalb ist Erkenntnis der Erscheinungen kein Schein.

Kant spielt nicht mit Worten, wenn er die Dinge an sich selbst für unerkennbar erklärt und es doch als zwingend ansieht, sie zu denken. Daß wir die Dinge an sich selbst nicht erkennen können, heißt in diesem Zusammenhang: Wir vermögen ihre Möglichkeit nicht zu beweisen. Daß wir sie dennoch denken, meint: Wir begehen bei der Annahme ihres Daseins keinen Widerspruch, ja wir müssen diese widerspruchsfreie Annahme machen. Denken ist hier also sehr viel weniger als Erkennen.

Wir denken die Dinge an sich selbst als Ursachen der Erscheinungen; wir denken, daß sie den Erscheinungen in unserem Vorstellen zugrunde liegen, indem sie uns affizieren. Das steht nach Kant dafür ein, daß unsere Erkenntnis der Erscheinungen nicht Schein ist, es vielmehr mit Wirklichem zu tun hat.

Trotz der von Kant gemachten Restriktion, daß wir die Dinge an sich selbst zwar denken können und müssen, aber weder ihr Dasein beweisen noch sie bestimmen können in ihrem Was und im Wie ihres Wirkens auf uns – trotz dieser sehr wesentlichen Restriktion ist Kants Argumentation immer wieder kritisiert worden, und Schopenhauer reiht sich unter die Kritiker ein. Die Kritiken unterscheiden sich in einzelnem durchaus. Ihr gemeinsamer Hauptpunkt aber ist: Kant hätte mit Bezug auf die Dinge an sich selbst nicht von der Kategorie der Ursache Gebrauch machen dürfen. Denn er selbst hatte den rechtmäßigen Gebrauch der Kategorien auf Erscheinungen eingeschränkt. Diese Kritiker sind also nicht bereit, Kants Unterscheidung von Denken und Erkennen anzuerkennen. Und sie werfen ihm deshalb Inkonsequenz vor. Man kann Kant gegen diesen Vorwurf verteidigen. Aber hier geht es um etwas anderes, nämlich darum, einen weiteren Schritt in Schopenhauers Grundposition hinein zu tun, und das kann jetzt geschehen.

Dafür ist hilfreich Schopenhauers Kritik an Kants Versuch, den Verdacht des Scheins von unserer Erkenntnis der Erscheinungen abzuwenden. Schopenhauer sagt im „Anhang" zu *Die Welt als Wille und Vorstellung*: „Er [Kant] leitete das Ding an sich nicht auf die rechte Art ab, […] sondern mittelst einer Inkonsequenz, die er durch häufige und unwiderstehliche Angriffe auf diesen Haupttheil seiner Lehre büßen mußte" (2, 519). Dazu läßt Schopenhauer sich in demselben „Anhang" detaillierter aus. Ehe das vorgeführt wird, ist kurz der „Berkeleysche Idealismus" zu erläutern, von dem Schopenhauer spricht und zu dem er sich – gegen Kant – in *Die Welt als Wille und Vorstellung* zunächst einmal bekennt, wie sich später zeigen wird. Der englische Philosoph Berkeley hatte mit der Formel „esse est percipi" bezüglich der Außenwelt die Gleichsetzung vollzogen von „sein" und „vorgestellt sein" („vorgestellt werden"). Wirklich sind nur die vorstellenden Wesen. Ihren Ideen von körperlichen Dingen entspricht nichts Existierendes außerhalb. (Idee ist hier ein Ausdruck für Vorstellung.) In diesem Sinn wird hier von Idealismus gesprochen – eben im Sinne des „esse est percipi". Kant hat sich, ebenso wie gegen den Verdacht, er mache unsere Erkenntnis der Natur zum Schein, entschieden dagegen verwehrt, in die Nähe von Berkeley gerückt zu werden. Er hat dazu in die zweite Auflage der *Kritik der reinen Vernunft* einen Abschnitt „Widerlegung des Idealismus" aufgenommen.

Schopenhauer schreibt: „Mit der in der ersten Auflage der ‚Kritik der reinen Vernunft' so deutlich ausgesprochenen, entschieden idealistischen Grundansicht steht jedoch die Art, wie Kant das *Ding an sich* einführt, in unleugbarem Widerspruch, und ohne Zweifel ist dies der Hauptgrund, warum er in der zweiten Auflage [...] sich geradezu gegen den Berkeleyschen Idealismus erklärte, wodurch er jedoch nur Inkonsequenzen in sein Werk brachte, ohne dem Hauptgebrechen desselben abhelfen zu können. Dieses ist bekanntlich die Einführung des *Dinges an sich*, auf die von ihm gewählte Weise, deren Unstatthaftigkeit von G. E. Schulze im ‚Aenesidemus‘ weitläufig dargethan und bald als der unhaltbare Punkt seines Systems anerkannt wurde. Die Sache läßt sich mit sehr Wenigem deutlich machen. Kant gründet die Voraussetzung des Dinges an sich, wiewohl unter mancherlei Wendungen verdeckt, auf einen Schluß nach dem Kausalitätsgesetz, daß nämlich die empirische Anschauung, richtiger die *Empfindung* in unsern Sinnesorganen, von der sie ausgeht, eine äußere Ursache haben müsse. Nun aber ist, nach seiner eigenen und richtigen Entdeckung, das Gesetz der Kausalität uns *a priori* bekannt, folglich eine Funktion unsers Intellekts, also *subjektiven* Ursprungs; ferner ist die Sinnesempfindung selbst, auf welche wir hier das Kausalitätsgesetz anwenden, unleugbar *subjektiv*, und endlich sogar der Raum, in welchen wir mittelst dieser Anwendung die Ursache der Empfindung als Objekt versetzen, ist eine *a priori* gegebene, folglich *subjektive* Form unsers Intellekts. Mithin bleibt die ganze empirische Anschauung durchweg auf *subjektivem* Grund und Boden, als ein bloßer Vorgang in uns, und nichts von ihr gänzlich Verschiedenes, von ihr Unabhängiges, läßt sich als ein *Ding an sich* hineinbringen, oder als nothwendige Voraussetzung darthun. Wirklich ist und bleibt die empirische Anschauung unsere bloße Vorstellung: es ist die Welt als Vorstellung" (2, 535 f.). Diese letzten Worte: „die Welt als Vorstellung", finden sich im Titel von Schopenhauers Hauptwerk, und dessen erster Satz lautet „„Die Welt ist meine Vorstellung:‘ – dies ist die Wahrheit, welche in Beziehung auf jedes lebende und erkennende Wesen gilt" (1, 29). Man ist am Ausgangspunkt von *Die Welt als Wille und Vorstellung* angelangt. Es ließen sich allerdings in der eben zitierten Argumentation Schopenhauers gegen die Art und Weise, wie Kant – zur Abwehr des Vorwurfs des Scheins oder des Idealismus – von den Dingen an sich selbst Gebrauch macht, mehrere Fehldeutungen aufdecken. Aber an dieser Stelle geht es nicht um die Frage, ob Schopenhauer mit seiner Kritik Kant gerecht geworden ist, sondern darum, seinen eigenen Grundansatz zu verdeutlichen. Und dafür ist festzuhalten: Schopenhauer trennt die Vorstellungen und Erscheinungen ab von den Dingen an sich selbst *insofern*, als diese seiner Meinung nach *nicht* für den Inhalt unserer empirischen Anschauungen aufkommen. Deshalb hält er es in diesem Punkt mit Berkeley, nicht mit Kant, bekennt er sich zum „esse est percipi". Und deshalb kann er bezüglich der Welt der Vorstellung, der Welt der Erscheinungen, von Maja sprechen, von Schein, Täuschung, Gaukelbild.

Nun trägt Schopenhauers Hauptwerk ja den Titel *Die Welt als Wille und Vorstellung.* Die Welt als Vorstellung, die Welt der Erscheinungen, ist also nicht die einzige Welt. Auch Schopenhauer denkt ein Ding an sich – jenes Eine nämlich, von dem schon die Rede war. In einer schon einmal zitierten Stelle hieß es, daß „in allen Individuen dieser Welt [...] doch nur Eines und das selbe, in ihnen allen gegenwärtige und identische, wahrhaft seiende Wesen sich manifestire" (6, 308). Dieses Eine ist nach Schopenhauer Wille. Er denkt das Ding an sich als Wille; er denkt (auch) eine Welt als Wille. – Das 1. und 3. Buch seines Hauptwerks thematisieren die Welt als Vorstellung, das 2. und 4. Buch die Welt als Wille.

Das Ding an sich als Wille zu denken, das ist die Starbrille, die Schopenhauer dem durch Kants Philosophie am Star Operierten aufsetzt. Nach seiner Auffassung schuf Kant – mit der Unterscheidung der Erscheinungen von den Dingen an sich selbst – eine Voraussetzung dafür, daß jemand philosophisch sehend werden kann, aber eine nicht hinreichende Voraussetzung. Sehend wird erst, wer das Ding an sich als Wille begreift, wer die Welt als Vorstellung und die Welt als Wille denkt. Bei Kant waren die Dinge an sich selbst für die erkennende Vernunft ein unbekanntes Etwas jenseits der Erfahrung. An die Stelle dieses Unbekannten setzt Schopenhauer den Willen. Er sagt in den *Parerga und Paralipomena* vom Ding an sich: „*Kanten* war es = x; mir *Wille*" (9, 102), und im „Anhang" zu *Die Welt als Wille und Vorstellung* heißt es: „Kant gelangte […] nicht zu der Erkenntniß, daß die Erscheinung die Welt als Vorstellung und das Ding an sich der Wille sei" (2, 519). Allerdings stellt Schopenhauer gleich anschließend doch noch ein hierher gehöriges „Verdienst" Kants heraus: „Er erkannte nicht direkt im Willen das Ding an sich; allein er that einen großen bahnbrechenden Schritt zu dieser Erkenntniß, indem er die unleugbare moralische Bedeutung des menschlichen Handelns als ganz verschieden und nicht abhängig von den Gesetzen der Erscheinung, noch diesen gemäß je erklärbar, sondern als etwas, welches das Ding an sich unmittelbar berühre, darstellte" (ebd.). Tatsächlich hat Kant ja in seiner praktischen Philosophie im *Menschen* als Ding an sich selbst den Vernunft*willen* gedacht – nach Schopenhauer ein Schritt in die richtige Richtung. Daß Kant den Vernunftwillen als ans Sittengesetz gebunden dachte, hat Schopenhauer weniger gefallen, wie schon einmal angedeutet.

Es wird zu fragen sein, wie Schopenhauer dahin gelangt, das Ding an sich als Wille aufzufassen. Und natürlich wird näher zu erläutern sein, was hier „Wille" bedeutet. Zunächst wendet sich die Darstellung aber der Welt als Vorstellung zu, und zwar zuerst dem Paragraphen 1 von *Die Welt als Wille und Vorstellung,* auf den das Vorausgegangene vorbereitet hat.

Die Welt als Vorstellung

Der Anfang des Paragraphen wurde schon einmal zitiert: „„Die Welt ist meine Vorstellung:‘ – dies ist die Wahrheit, welche in Beziehung auf jedes lebende und erkennende Wesen gilt" (1, 29). Zu den lebenden und erkennenden Wesen gehören nach Schopenhauer auch die Tiere. Das ist ungewöhnlich. Andere Philosophen vertreten die Auffassung, daß der Mensch mit den Tieren das Wahrnehmen gemeinsam hat, sich durch das Erkennen aber von ihnen unterscheidet. Schopenhauer zieht die Grenzlinie zwischen Mensch und Tier anders, nämlich innerhalb des Bereichs des Erkennens. Er faßt auch die Tiere als erkennende Wesen auf, weil sie – wie er annimmt – von der Vorstellung der Ursache Gebrauch machen, also Kausalzusammenhänge auffassen. Wozu sie – im Gegensatz zum Menschen – aber nicht fähig sind, das ist: abstrakte Begriffe zu bilden. Ihnen fehlt „das reflektirte abstrakte Bewußtseyn" (ebd.). Dies Bewußtsein hat der Mensch. Und deshalb kann er sich der Wahrheit „Die Welt ist meine Vorstellung" bewußt werden. Geschieht das, so wird er ‚philosophisch besonnen‘. Worin genau besteht diese „philosophische Besonnenheit" (ebd.)? Antwort: „Es wird ihm dann deutlich und gewiß, daß er keine Sonne kennt und keine Erde; sondern immer nur ein Auge, das eine Sonne sieht, eine Hand, die eine Erde fühlt; daß die Welt, welche ihn umgiebt, nur als Vorstellung daist, d. h. durchweg nur in Beziehung auf ein Anderes, das Vorstellende, welches er selbst ist" (ebd.). Er begreift, „daß Alles, was für die Erkenntniß daist, also die ganze Welt, nur Objekt in Beziehung auf das Subjekt ist, Anschauung des Anschauenden, mit Einem Wort, Vorstellung" (ebd.).

Wie erinnerlich, sieht Schopenhauer als subjektive Bedingungen des Weltvorstellens das principium individuationis und die Kausalität an. Weil dies Bedingungen unseres Vorstellens sind und sonst nichts, stellen wir erkennend nur Erscheinungen vor und müssen wir sagen: Das Ding an sich ist weder zeitlich noch räumlich, deshalb auch nicht Vieles, Kausalität kommt ihm nicht zu, Wirkzusammenhänge nach dem Gesetz der Kausalität eignen ihm nicht. Schopenhauer geht im Paragraphen 1 aber hinter diese subjektiven Bedingungen noch einen Schritt zurück – hin zu ihrer Wurzel. Diese ist „das Zerfallen in Objekt und Subjekt" (ebd.). Es ist dies die fundamentalste und allgemeinste Bedingung der Welt als Vorstellung. Schopenhauer sagt, es ist „diejenige Form, unter welcher allein irgend eine Vorstellung, welcher Art sie auch sei, abstrakt oder intuitiv, rein oder empirisch, nur überhaupt möglich und denkbar ist" (ebd.). Ob wir abstrakt denken oder anschauen, ob wir wahrnehmen oder etwa ein Dreieck in reiner Anschauung konstruieren, immer liegt dem Vorstellen das Zerfallen in Subjekt und Objekt zugrunde. Ohne die Subjekt-Objekt-Spaltung vermögen wir, die Vorstellenden, nichts gegenständlich zu haben. Und so nun, wie es hieß: dem Ding an sich bei Schopenhauer kommen Raum, Zeit, Vielheit, Kausalität nicht zu, so ist auch von der Subjekt-Objekt-Spaltung zu sagen: sie ist vom Ding an sich Schopenhauerscher Prägung fernzuhalten. Daran wird zu erinnern sein, wenn später das Ding an sich als Wille durchdacht wird. Es kann sich bei diesem Willen, wie jetzt schon erkennbar ist, nicht um ein wollendes Subjekt handeln im Sinne eines vernünftigen, mit Überlegung sich Zwecke setzenden Willens. Aber im Augenblick geht es hier ja noch um die Welt als Vorstellung. Und da soll gelten: „Alles, was irgend zur Welt gehört und gehören kann, ist unausweichbar mit diesem Bedingtseyn durch das Subjekt behaftet, und ist nur für das Subjekt da" – das eben meint der Satz: „Die Welt ist Vorstellung" (ebd.).

Schopenhauer erwähnt, daß diese Einsicht schon in Descartes' „skeptischen Betrachtungen" gegeben war (1, 30), und er bekennt sich nun zu Berkeley: „Berkeley aber war der erste, welcher sie entschieden aussprach: er hat sich dadurch ein unsterbliches Verdienst um die Philosophie erworben, wenn gleich das Uebrige seiner Lehren nicht bestehn kann. Kants erster Fehler war die Vernachlässigung dieses Satzes" (ebd.). Und auch hier versäumt Schopenhauer nicht, darauf hinzuweisen, daß die „Weisen Indiens" diese Wahrheit schon vor sehr langer Zeit erkannt hatten (ebd.). –

All unser Erkennen ist bedingt durch die Subjekt-Objekt-Spaltung. Das bedeutet nun aber, wie Schopenhauer in § 2 seines Hauptwerkes ausführt, daß das Erkennen des Subjekts selbst nicht erkannt werden kann, weder von anderen Subjekten noch von sich selbst. Denn durch die Subjekt-Objekt-Form als Bedingung unseres Vorstellens würde es immer verfehlt. Das Subjekt ist dasjenige, „was Alles erkennt und von Keinem erkannt wird" (1, 31), oder, wie Schopenhauer auch sagt: „Als dieses Subjekt findet Jeder sich selbst, jedoch nur sofern er erkennt, nicht sofern er Objekt der Erkenntniß ist" (ebd.). Das heißt: Wohl sind wir als erkennende Subjekte unser selbst inne; wir sind unserer Erkenntnisvollzüge inne, unseres Weltvorstellens. Aber: als erkennende Subjekte sind wir für uns *unerkennbar*.

Indessen können wir unseren Leib erkennen. Tun wir das, dann ist er für uns „Objekt unter Objekten und den Gesetzen der Objekte unterworfen" (ebd.). Er begegnet uns in Raum und Zeit sowie im Kausalzusammenhang der Natur. Als unterworfen den „Gesetzen der Objekte" ist er Vorstellung, Erscheinung, gehört er gänzlich der Welt der Vorstellung an. Allerdings wird Schopenhauer von diesem Vorstellen unseres Leibes später ein Innesein unterscheiden, das für den Übergang zur Welt als Wille von grundlegender Bedeutung ist.

Raum, Zeit, Kausalität und – noch vorgängiger – „das Zerfallen in Objekt und Subjekt" haben sich als die subjektiven Bedingungen unserer Erkenntnis und damit der Welt als Vorstellung gezeigt. Sie machen es, daß die Welt für unser erkennendes Bewußtsein aus bloßen Erscheinungen besteht. Sie sind die Formen a priori, die aller gegenständlichen Erkenntnis zugrunde liegen.

A priori, d. h. unabhängig von aller Erfahrung und vor ihr, bringen wir sie auf. Und nun sagt Schopenhauer: „Ich behaupte […], daß der Satz vom Grunde der gemeinschaftliche Ausdruck für alle diese uns *a priori* bewußten Formen des Objekts ist […]. In meiner Abhandlung über den Satz vom Grunde habe ich ausführlich gezeigt, wie jedes irgend mögliche Objekt demselben unterworfen ist" (1, 32). Schopenhauer schließt den Paragraphen 2 seines Hauptwerkes mit dem Hinweis, daß das in jener Abhandlung Gesagte, gäbe es die Abhandlung nicht, „hier seine nothwendige Stelle" hätte (1, 33). So gilt es denn, ‚an dieser notwendigen Stelle' mit jener Abhandlung bekannt zu machen. Es handelt sich um Schopenhauers Dissertation *Ueber die vierfache Wurzel des Satzes vom zureichenden Grunde*, die Schopenhauer immer wieder als grundlegend für das Verständnis seines Werkes bezeichnet hat; er hat sie sogar den „Unterbau" seines „ganzen Systems" genannt (5, 9). Sie ist von entscheidender Bedeutung auch für seine Ethik.

Der Satz vom zureichenden Grund und seine „vierfache Wurzel"

Seit der Satz vom zureichenden Grund (kürzer auch „Satz vom Grund" genannt) von Leibniz als Grundsatz formuliert worden ist, gehört er zu den Hauptprinzipien unseres Denkens – neben dem Satz vom Widerspruch, dem Satz der Identität und dem Satz vom ausgeschlossenen Dritten. Das im Satz vom Grund Gedachte ist aber sehr alt. Und das kann ja wohl auch gar nicht anders sein, wenn es sich hier um etwas für unser Denken so Grundlegendes handelt.

Es empfiehlt sich, einen Augenblick bei Leibniz zu verweilen, um mit diesem wichtigen Prinzip vertrauter zu werden. Das ist auch deshalb angezeigt, weil Schopenhauer das Prinzip zwar entfaltet, aber eben doch auch einschränkt, wie sich zeigen wird. Leibniz erklärt in Ziffer 7 seiner kleinen Schrift *Vernunftprinzipien der Natur und der Gnade* (ich zitiere sie in der von Herring überarbeiteten Übersetzung Buchenaus): Das Prinzip besagt, daß „*nichts ohne zureichenden Grund geschieht,* d. h. sich nichts ereignet, ohne daß es dem, der die Dinge hinlänglich kennte, möglich wäre, einen zureichenden Bestimmungsgrund anzugeben, weshalb es so ist und durchaus nicht anders." Was ist damit gesagt? Zunächst einmal mehr als nur, daß alles, was geschieht, einen Grund haben muß und daß es für alles, das so ist und nicht anders, einen Grund geben muß, warum es so ist. Es geht um den *zureichenden* Grund eines Geschehens oder eines Soseins. Ein Geschehen, für das es zwar Gründe (Ursachen) gäbe, aber solche, die zur Bewirkung des Geschehens nicht zureichen, hätte etwas aus dem Nichts. Aus nichts wird aber nichts, sagt ein anderes altes Prinzip. Dieses alte Prinzip und das Prinzip, daß es für jedes Geschehen und für jedes Sosein einen zureichenden Grund geben muß, sind unmittelbar evident und unzweifelhaft. Selbst dann, wenn wir im einzelnen Fall nicht in der Lage sind, den zureichenden Grund zu erfassen, sind wir überzeugt, daß es ihn gibt. Bei Leibniz hieß es ja, daß „sich nichts ereignet, ohne daß es dem, der die Dinge hinlänglich kennte, möglich wäre, einen zureichenden Bestimmungsgrund anzugeben". Das heißt innerhalb von Leibniz' Metaphysik, daß Gott von allem den zureichenden Grund weiß, während uns oft genug der zureichende Grund unbekannt bleibt – z. B. bei solchem, das Gott selbst wirkt. Und damit ist schon gesagt, daß der fundamentale Satz vom zureichenden Grund bei Leibniz eben alles umfaßt: das Wirken Gottes, das menschliche Handeln, das Geschehen in der Natur, ferner jegliches So-und-nicht-anders-sein, sei es der Tatsachen, sei es der Wesen, auch der individuellen Wesensbestimmtheit jedes Menschen. Aber das ist noch nicht alles. Nicht nur ist dies Prinzip bei Leibniz dem Umfang seiner Gültigkeit nach schlechthin umfassend. Es reicht in die tiefste Dimension der Metaphysik. Leibniz fährt an der zitierten Stelle fort: „Ist dieses Prinzip aufgestellt, so wird die erste Frage, die man mit Recht stellen darf, die sein, *warum es eher Etwas als Nichts gibt*. Denn das Nichts ist einfacher und leichter als irgendetwas." Daß schlechterdings gar nichts wäre, daß es nur das Nichts ‚gäbe‘, das ist, so undenkbar es einerseits für uns ist, doch andererseits noch leichter zu verstehen, als daß es Seiendes gibt. Denn Seiendes, das ist mehr als Nichtseiendes, und deshalb stellt sich hier die Frage nach dem zureichenden Grund.

Schopenhauer nimmt den Satz vom zureichenden Grund in der Formulierung von Christian Wolff auf: „Nichts ist ohne Grund, warum es eher ist, als daß es nicht ist" (5, 17; von Schopenhauer lateinisch zitiert). Er hebt hervor, daß dieser Satz ‚höchst verschiedene Anwendungen‘ zuläßt und daß er in jeder seiner Anwendungen „eine andere Bedeutung erhält" (5, 14). Schopenhauer kritisiert, daß die verschiedenen Bedeutungen des Satzes bisher nicht deutlich genug geschieden, ja zum Teil nicht einmal bemerkt worden seien. Er macht es sich zur Aufgabe, diesem Mangel abzuhelfen. Dabei gelangt er zu vier verschiedenen Anwendungen und Bedeutungen des Satzes. Aufgrund der vier Bedeutungen werden aus dem *einen* Satz vom Grund jedoch nicht vier untereinander beziehungslose Sätze. Schopenhauer hält daran fest, daß der Satz vom Grund *ein* Urteil ist, das seinerseits einen vierfachen Grund hat (vgl. 5, 126) – *einen* vierfachen Grund, wie Schopenhauer nachdrücklich betont, und „nicht etwan vier verschiedene Gründe, die zufällig auf dasselbe Urtheil leiteten" (ebd.). Den vierfachen Grund nennt er „bildlich vierfache Wurzel" (ebd.). Der Satz vom Grund in seinen vier Bedeutungen hat *eine*, sich vierfach verzweigende Wurzel. Diese so gesehene Wurzel des Satzes vom Grund ist das Verhältnis von Subjekt und Objekt, Erkennendem und Gegenstand. Soviel zum Ansatzpunkt der Schrift.

Schopenhauer gibt in den Paragraphen 6 bis 14 eine Übersicht über das, was vor ihm über den Satz vom Grund von Philosophen gelehrt worden ist. Daraus wird hier weniges herausgegriffen. Schopenhauer verweist auf etwas, wovon eben schon die Rede war, nämlich daß Leibniz den Satz vom zureichenden Grund als erster ausdrücklich formuliert hat. Schopenhauer sagt aber: Ungeachtet dieser späten Formulierung und ausdrücklichen Aufstellung des Prinzips ist das in ihm Gedachte bis zu Platon und Aristoteles zurückzuverfolgen. Genauer gesagt: Zwei Bedeutungen dieses Pinzips waren schon diesen Denkern bekannt; in der einen ist der Grund als Ursache des Geschehens vorgestellt, in der anderen als Erkenntnisgrund. Für den zureichenden Grund des Geschehens zitiert Schopenhauer u. a. eine Stelle aus Platons *Timaios*: „Alles, was geschieht, muß notwendig aufgrund einer Ursache geschehen; denn es ist unmöglich, daß irgend etwas ohne Ursache entstehe" (5, 18; von Schopenhauer griechisch und lateinisch zitiert). Für den zureichenden Grund der Erkenntnis zitiert er Aristoteles: „Zu verstehen glauben wir alles ohne weiteres, wenn wir die Ursache zu kennen meinen, aufgrund deren die Sache da ist, und daß sie ihr Grund ist, und daß dies sich unmöglich anders verhalten könne" (5, 19; von Schopenhauer griechisch und lateinisch zitiert). In dieser Stelle wird klar, daß Seinsgrund und Erkenntnisgrund für Aristoteles eins sind. Wir haben eine Sache erkannt, wenn wir erkannt haben, daß dies und nichts anderes der Grund dafür ist, daß sie da ist und so da ist, wie sie es ist. Schopenhauer kritisiert nun allerdings gerade, daß Aristoteles und andere Philosophen hier nicht deutlich geschieden haben. Erst Wolff, so hebt er hervor, habe die bis dahin bekannten zwei Bedeutungen deutlich getrennt: als Satz vom zureichenden Grund der Erkenntnis und als Satz der Ursache und Wirkung. Freilich sind damit noch immer nur erst zwei der vier Bedeutungen dieses Prinzips erfaßt, und Schopenhauer sieht sich veranlaßt, nicht nur die zwei weiteren Bedeutungen herauszuarbeiten, sondern eben alle vier Bedeutungen auf ihre eine, vierfach sich verzweigende Wurzel zurückzuführen. Diese Wurzel erblickt er, wie schon gesagt, im Verhältnis von Subjekt und Objekt. Das Verhältnis von Subjekt und Objekt ist hier das Verhältnis von menschlichem erkennendem Bewußtsein und von Vorstellung (in Schopenhauers Sinn). Schopenhauer zeigt, daß das Verhältnis von Subjekt und Objekt vierfach ist (darauf ist zurückzukommen).

Bei der Bestimmung der vier Bedeutungen des Satzes vom zureichenden Grund geht er aus von vier Klassen unserer Vorstellungen. Die erste Klasse unserer Vorstellungen, die er in den Blick faßt, sind die anschaulichen, empirischen Vorstellungen. Da Vorstellungen und Gegenstände für Schopenhauer ja dasselbe sind, kann er sagen: Diese Gegenstände machen den „end- und anfangslosen Komplex" unserer ‚empirischen Realität' aus (5, 43). In der ersten Klasse, der der anschaulichen Vorstellungen bzw. der Gegenstände der empirischen Realität, „tritt der Satz vom zureichenden Grunde auf als *Gesetz der Kausalität*, und ich nenne ihn als solches den Satz *vom zureichenden Grunde des Werdens, principium rationis sufficientis fiendi*" (5, 49). Das Gesetz der Kausalität ist der Satz vom zureichenden Grund des Werdens. Es „steht [...] in ausschließlicher Beziehung auf *Veränderungen* und hat es stets nur mit diesen zu thun" (ebd.). Schopenhauer formuliert den Satz vom zureichenden Grund des Werdens so: „Wenn ein neuer Zustand eines oder mehrerer realer Objekte eintritt; so muß ihm ein anderer vorhergegangen seyn, auf welchen der neue regelmäßig, d. h. allemal, so oft der erstere daist, folgt. Ein solches Folgen heißt ein *Erfolgen* und der erstere Zustand die *Ursache*, der zweite die *Wirkung*" (ebd.).

Die zweite Klasse unserer Vorstellungen sind die abstrakten Vorstellungen, die Begriffe. Es sind dies Vorstellungen, durch die unser Vorstellen sich nach Schopenhauers schon erwähnter Auffassung von dem der Tiere unterscheidet. Menschliches Denken besteht im Verbinden und Trennen solcher Begriffe, sagt Schopenhauer, und dies Verbinden und Trennen vollziehen wir in Urteilen. In bezug auf die Urteile hat der Satz vom Grund die Bedeutung: „Satz vom Grunde des Erkennens, *principium rationis suffi-cientis cognoscendi*" (5, 121). Der Satz vom zureichenden Grund des Erkennens sagt, „daß wenn ein Urtheil eine *Erkenntniß* aus-drücken soll, es einen zureichenden Grund haben muß" (ebd.). Ohne zureichenden Grund wäre es eine unbegründete Behaup-tung, eine Vermutung oder eine Beteuerung, aber keine Erkennt-nis. Ein Urteil, das einen zureichenden Grund hat, ist ein *wahres* Urteil.

Mit den beiden bisher erörterten Bedeutungen des Satzes vom Grund befindet sich Schopenhauer auf dem Boden der Tradition. Jetzt folgen die beiden Bedeutungen, die er selbst hinzugefügt hat und von denen die letzte für seine Ethik von entscheidender Be-deutung ist.

Die dritte Klasse unserer Vorstellungen sind „die *a priori* gege-benen Anschauungen der Formen des äußern und innern Sinnes, des Raums und der Zeit" (5, 147). Offenkundig knüpft Schopen-hauer hier an Kants Transzendentale Ästhetik an. Zum besseren Verständnis der zitierten Stelle ist jetzt etwas nachzutragen, das auch bei früherer Gelegenheit, nämlich als von Raum und Zeit bei Kant die Rede war, schon seinen Platz gehabt haben könnte. Kant – und ihm folgend auch Schopenhauer – ordnet den Raum dem äußeren Sinn, die Zeit primär dem inneren Sinn zu. Kant spricht von *dem* äußeren Sinn der Einfachheit halber; natürlich weiß auch er, daß wir mehrere äußere Sinne haben. Was uns durch sie gegeben ist, ordnen wir dank der von uns a priori mitgebrachten Anschauungsform des Raumes in Verhältnisse des Nebeneinander. Der innere Sinn ist nun aber wirklich nur einer. Mit ihm ist der Sinn gemeint, in dem wir selbst, als vorstellende Wesen, unsere eigenen Zustände anschauen. Hier bedürfen wir der Zeit als Anschauungsform. Ihr verdanken wir es, daß wir uns selbst mittels des inneren Sinnes gegeben sind als jetzt eine Land-schaft wahrnehmend, dann einen Gedanken (z. B. einen mathe-matischen Beweis) vollziehend, dann durch ein Musikstück bewegt, usw. Dank der Anschauungsform der Zeit, die wir ebenfalls a priori selbst aufbringen, vermögen wir, unsere uns im inneren Sinn gegebenen Zustände in ein Verhältnis des Nacheinander zu ordnen. Mittelbar wird dadurch die Zeit auch zur Anschauungsform für das, was uns im äußeren Sinn gegeben ist. Äußere Wahrnehmungen sind uns als Aufeinanderfolge dieser unserer Vorstellungen bewußt; dieses Folgen schreiben wir auch den wahrgenommenen Objekten zu (oder aber wir negieren es von ihnen und fassen die Objekte als gleichzeitig auf).

Schopenhauer nun geht es bei der dritten Klasse unserer Vorstellungen nicht um Raum und Zeit selbst, um diese Anschauungsformen selbst, sondern um das, was wir, wenn wir Mathematik betreiben, a priori in diesen Formen vorstellen: Gebilde der Geometrie, wie Linien, Dreiecke; ferner Zahlen als Gegenstände der Arithmetik. In bezug auf diese Gegenstände ist die dritte Bedeutung des Satzes vom Grund zu bestimmen. Der Satz ist hier „Satz vom *zureichenden Grunde des Seyns, principium rationis sufficientis essendi*" (5, 148). Sein ist in diesem Zusammenhang als Gegenbegriff zu Werden gebraucht und meint: Beständigsein, Unveränderlichsein. Die Gegenstände unserer empirischen Realität verändern sich; die empirische Realität ist im Werden. In bezug auf sie war daher nach dem zureichenden Grund des Werdens zu fragen, und Schopenhauer fand ihn in der Kausalität. Die Gegenstände der mathematischen Disziplinen hingegen verändern sich nicht, sie bleiben sich immer gleich. Zureichender Grund meint deshalb in bezug auf sie: zureichender Grund des Seins. Ein Beispiel Schopenhauers: Gegeben ist mir ein gleichseitiges Dreieck. Und ich frage mich: Warum sind die drei Seiten des Dreiecks gleich? Die Antwort lautet: „weil die drei Winkel gleich sind" (5, 39). Den zureichenden Grund für das Gleichsein der Seiten fasse ich in der Gleichheit der Winkel des Dreiecks.

Von den bis jetzt erörterten Bedeutungen des Satzes vom zureichenden Grund ist die erste für Schopenhauers Philosophie die wichtigste. Von mindestens ebenso großer Bedeutung ist aber, und zwar für seine Ethik, die vierte Bedeutung.

Zu ihrer Bestimmung geht Schopenhauer wieder von einer Klasse von Vorstellungen bzw. von Gegenständen aus. Das Eigentümliche der vierten Klasse von Vorstellungen bzw. Gegenständen ist dies: Jedes Subjekt hat in dieser Klasse nur einen Gegenstand, nämlich sich selbst. Hier geht es also um Selbsterkenntnis und ihren zureichenden Grund. Aber widerspricht das nicht einem Gedanken Schopenhauers, der früher erwähnt wurde, nämlich daß das erkennende Subjekt selbst nicht erkannt werden kann, weder von anderen Subjekten noch von sich selbst? Hatte Schopenhauer nicht gerade behauptet, daß die Subjekt-Objekt-Form als notwendige Bedingung unserer Erkenntnis dafür verantwortlich ist, daß wir, wollten wir das Subjekt erkennen, es ihretwegen verfehlen müßten? Nun, Schopenhauer hat gerade auch in diesem Teil seiner Schrift über den Satz vom zureichenden Grund genau dies schon betont. Und das Subjekt als Gegenstand der Selbsterkenntnis ist daher nicht das erkennende Subjekt. Was aber dann? Es ist das Subjekt des W*ollens*. Als Subjekt des Wollens kann jeder sich selbst erkennen, sich selbst vorstellen – ist er für sich ‚gegenständlich‘, ist er Erscheinung. Es handelt sich bei diesem vorgestellten Subjekt um das empirische wollende Ich. Wird es erkannt, dann unter einer Gestalt des Satzes vom zureichenden Grund. In dieser Gestalt ist der Satz vom Grund: „*Satz vom zureichenden Grunde des Handelns, principium rationis sufficientis agendi*“ (5, 162). Statt dessen darf man auch kürzer sagen: „*Gesetz der Motivation*“ (ebd.).

Wie versteht Schopenhauer dies Gesetz? Er sagt: „Bei jedem wahrgenommenen Entschluß sowohl Anderer, als unserer selbst, halten wir uns berechtigt, zu fragen Warum? d.h. wir setzen als nothwendig voraus, es sei ihm etwas vorhergegangen, daraus er erfolgt ist, und welches wir den Grund, genauer, das Motiv der jetzt erfolgenden Handlung nennen. Ohne ein solches ist dieselbe uns so undenkbar, wie die Bewegung eines leblosen Körpers ohne Stoß, oder Zug" (5, 161). Unter Motiv versteht Schopenhauer das Objekt des Wollens; es ist Stoff und Anlaß unseres Wollens in eins (vgl. 6, 532). Auch die Tiere werden durch Motive bestimmt – durch Vorstellungen, durch vorgestellte Objekte; aber bei ihnen kommen dabei nur empirische Anschauungen in Frage. Beim Menschen sind auch und zumeist „Gedanken" Motive ihres Wollens. Damit gibt es im Bereich möglicher Motive neben dem Gegenwärtigen Vergangenes und Zukünftiges, ferner abstrakt Vorgestelltes: Begriffe vom Nützlichen, Angenehmen, sittlich Guten; Sitten, Gesetze, usw. Schopenhauer behauptet nun in der zitierten Stelle: Bei jedem Entschluß, den wir selbst vollzogen haben oder den wir bei anderen Menschen beobachten, sind wir berechtigt zu fragen: Warum dieser Entschluß, diese Handlung? Wir fragen damit nach dem Grund, und das heißt hier: nach dem Motiv. Von größter Wichtigkeit ist, was wir nach Schopenhauers Auffassung hier eigentlich tun, wenn wir nach dem Warum fragen: „wir setzen als nothwendig voraus, es sei ihm [dem Entschluß] etwas vorhergegangen, daraus er erfolgt ist" – und: ohne ein Motiv ist uns die Handlung „so undenkbar, wie die Bewegung eines leblosen Körpers ohne Stoß, oder Zug". Es ist ersichtlich, daß Schopenhauer hier gänzlich vom Kausalgesetz her denkt. Nicht nur der Vergleich mit Stoß und Zug läßt das erkennen, sondern gerade auch die Verwendung des Wortes „erfolgen", das in Schopenhauers Formulierung des Kausalgesetzes von grundlegender Bedeutung war. Man wird sagen dürfen: Schopenhauers vierte Bedeutung des Satzes vom Grund ist die der ersten Bedeutung, bezogen auf das wollende Subjekt. So, wie ein neuer Zustand in der äußeren Natur mit Notwendigkeit erfolgt, wenn der Zustand eingetreten ist, der für ihn der zureichende Grund ist – *so* erfolgt die Handlung eines Menschen *mit Notwendigkeit,* wenn das Motiv eintritt, das bei diesem Menschen zureichender Grund für diese Handlung ist. Damit hat Schopenhauer – im Rahmen seiner Erörterung dieses Grundprinzips unseres Denkens, aber zugleich für sein philosophisches „System", dessen Unterbau diese Schrift ja ist – die Freiheit des Handelns eliminiert. Es gibt bei Schopenhauer keine praktische Vernunft des Menschen, die sich frei aus vernünftigen Gründen für etwas entscheidet. Vernunftgründe als zureichende Gründe des Handelns scheiden bei ihm aus, wenn man unter solchen Gründen versteht, daß die Vernunft sich selbst durch sie zu einer Handlung bestimmt, die sie auch unterlassen könnte. Auf diese Problematik ist später noch einmal zurückzukommen. Hier gilt es erst einmal festzuhalten: Der Satz vom zureichenden Grund des Handelns ist ein Satz über die Notwendigkeit aller menschlichen Handlungen. –

Der Satz vom zureichenden Grund drückt in jeder der vier von Schopenhauer herausgearbeiteten Gestalten Notwendigkeit aus. Schopenhauer betont das selbst noch einmal in § 49 seiner Schrift: „Der Satz vom zureichenden Grunde, in allen seinen Gestalten, ist das alleinige Princip und der alleinige Träger aller und jeder Nothwendigkeit, denn *Nothwendigkeit* hat keinen andern wahren und deutlichen Sinn, als den der Unausbleiblichkeit der Folge, wenn der Grund gesetzt ist" (5, 170). Schopenhauer *definiert* hier Notwendigkeit – eben als: Unausbleiblichkeit der Folge, wenn der Grund gesetzt ist. Daß dies *eine*, sehr wesentliche Bedeutung von „Notwendigkeit" ist, kann nicht bestritten werden. Für Schopenhauer ist es aber der *einzige* ‚wahre und deutliche Sinn', den der Begriff Notwendigkeit haben kann. Darin liegt eine Entscheidung Schopenhauers, die folgenreich ist. Aus Schopenhauers Verständnis von Notwendigkeit fällt z. B. die Notwendigkeit heraus, die Kant mit dem kategorischen Imperativ verbindet – eine Notwendigkeit des Sollens. Es ist auch aus diesem Grund folgerichtig, daß Schopenhauer eine imperative Ethik – und damit die Ethik Kants – ablehnt.

Notwendigkeit bedeutet also bei Schopenhauer jederzeit dieses eine: „Unausbleiblichkeit der Folge, wenn der Grund gesetzt ist."

Der „alleinige Träger" der Notwendigkeit aber ist der Satz vom Grund. Und so heißt es denn in § 49 auch: „Demnach giebt es, den vier Gestalten des Satzes vom Grunde gemäß, eine vierfache Nothwendigkeit. 1) Die logische, nach dem Satz vom Erkenntnißgrunde, vermöge welcher, wenn man die Prämissen hat gelten lassen, die Konklusion unweigerlich zuzugeben ist. 2) Die physische, nach dem Gesetz der Kausalität, vermöge welcher, sobald die Ursache eingetreten ist, die Wirkung nicht ausbleiben kann. 3) Die mathematische, nach dem Satz vom Grunde des Seyns, vermöge welcher jedes von einem wahren geometrischen Lehrsatze ausgesagte Verhältniß so ist, wie er es besagt, und jede richtige Rechnung unwiderleglich bleibt. 4) Die moralische, vermöge welcher jeder Mensch, auch jedes Thier, nach eingetretenem Motiv, die Handlung vollziehn *muß*, welche seinem angeborenen und unveränderlichen Charakter allein gemäß ist und demnach jetzt so unausbleiblich, wie jede andere Wirkung einer Ursache, erfolgt" (5, 171).

Ausgangspunkt in der durchgeführten Erörterung des Satzes vom Grund waren Schopenhauers Äußerungen, daß ‚jedes irgend mögliche Objekt' dem Satz vom Grund unterworfen sei – und (damit gleichbedeutend) daß der Satz vom Grund „die allgemeinste Form unsers gesammten Erkenntnißvermögens" (6, 67) sei. Das bedeutet nun aber nicht nur, daß *alles* für uns Erkennbare diesem Satz unterliegt (und also Notwendiges ist); es bedeutet auch, daß wir, die erkennenden Subjekte, diesen Satz aufbringen und mitbringen. Schopenhauer sagt es in § 52 seiner Schrift noch einmal ausdrücklich: „Nun ist aber der Satz vom Grunde in allen seinen Gestalten *a priori*, wurzelt also in unserm Intellekt" (5, 175). Das freilich heißt: Der Satz vom Grund in seinen vier Gestalten bezieht sich *nur auf Erscheinungen*. Und das wollende Subjekt, als Objekt der Erkenntnis, ist nur Erscheinung, Vorstellung.

Im Satz vom Grund fassen wir nach Schopenhauer das Grundgesetz der Welt als Vorstellung. Die Welt als Wille, so läßt sich hier schon vorgreifend sagen, ist von keiner der Gestalten des Satzes vom Grund berührt; in ihr gibt es also keine Notwendigkeit, kein Verhältnis von Grund und Folge, keine Kausalität, keine logische Konsequenz, keine Motivation.

Die vier Bedeutungen, die vier Gestalten des Satzes vom Grund sind entfaltet worden. Nun ist der Gedanke aufzugreifen, daß das Verhältnis von Subjekt und Objekt für Schopenhauer die eine, vierfach sich verzweigende Wurzel des Satzes vom Grund ist. Da „Objekt" und „Vorstellung" bei Schopenhauer ja dasselbe meinen, kann man das Verhältnis von Subjekt und Objekt auch bezeichnen als das Verhältnis von menschlichem erkennendem Bewußtsein und Vorstellung. Dieses Verhältnis ist vierfach, und es ist als solches die vierfache Wurzel des Satzes vom Grund. Das soll jetzt kurz durchgegangen werden, womit zugleich eine Zusammenfassung des vorigen vollzogen wird.

1. Das Subjekt ist mit den äußeren Sinnen anschauendes Subjekt. Sein Objekt (seine Vorstellung) ist die empirische Realität außer ihm. In diesem Verhältnis wurzelt der Satz vom zureichenden Grund des Werdens, also das Gesetz der Kausalität.

2. Das Subjekt ist erkennendes, urteilendes Subjekt. Sein Objekt sind die Begriffe und deren Verbindung oder Trennung in Urteilen. In diesem Verhältnis wurzelt der Satz vom zureichenden Grund des Erkennens.

3. Das Subjekt ist a priori anschauendes Subjekt. Seine Vorstellungen sind „die *a priori* gegebenen Anschauungen" des Raumes und der Zeit. In diesem Verhältnis wurzelt der Satz vom zureichenden Grund des Seins.

4. Das Subjekt ist im inneren Sinn sich selbst anschauendes und aufgrund dieser Anschauung sich selbst empirisch erkennendes Subjekt. Objekt des Subjekts ist hier das Subjekt selbst, aber nur als Wille. In diesem Verhältnis wurzelt der Satz vom zureichenden Grund des Handelns, also das Gesetz der Motivation.

Übrigens können sich die verschiedenen Anwendungen des Satzes vom Grund im aktuellen Erkenntnisvollzug verflechten. Schopenhauer bringt folgenden Fall als Beispiel: Der Satz vom zureichenden Grund des Erkennens kann fordern, daß ich eine empirische Anschauung beibringe; empirische Anschauung untersteht aber dem Satz vom zureichenden Grund des Werdens.

Abschließend zu diesem Thema ist etwas, das schon anklang, noch ein wenig zu verdeutlichen. Gegenüber der Tradition entfaltet Schopenhauer den Satz vom Grund einerseits, andererseits schränkt er ihn aber auch ein. Er als erster unterscheidet vier Bedeutungen des Satzes. Eingeschränkt hat er den Satz vom Grund auf Erscheinungen. Damit ist diejenige metaphysische Dimension abgeschnitten, in die Leibniz im Durchdenken der Frage ‚warum es eher Etwas als Nichts gibt' vordrang. Für Leibniz galt der Satz vom zureichenden Grund gerade auch für den Schöpfergott. Der zureichende Grund des Schöpfergottes ist nämlich das Gute; Gott schafft (in seiner Freiheit und durch nichts gezwungen) die beste aller möglichen Welten, weil sie die beste ist. Davon kann bei Schopenhauer keine Rede mehr sein. – Eine Einschränkung liegt auch darin vor, daß Schopenhauer den Satz vom zureichenden Grund als einen Satz der Notwendigkeit auffaßt, diese aber definiert als „Unausbleiblichkeit der Folge, wenn der Grund gesetzt ist". Damit scheidet (auch) ein freies Sichselbstbestimmen der menschlichen Vernunft durch Gründe aus – und also auch Autonomie als Befolgung eines unbedingt gebietenden Sittengesetzes im Sinne Kants.

Nun kann die Rückkehr zu Schopenhauers Hauptwerk erfolgen. Es wurde an der Stelle des 1. Buches verlassen, an der Schopenhauer (in § 2) erklärt, hierher gehöre seine Abhandlung über die vierfache Wurzel des Satzes vom zureichenden Grund. Es ging darum, zu sehen, daß die Welt (bloße) Vorstellung, Erscheinung, ja Maja ist. Sie ist es als bedingt durch das erkennende Subjekt, und das heißt eben, wie inzwischen deutlich geworden ist, als bedingt nicht nur durch das principium individuationis, sondern auch durch den Satz vom zureichenden Grund in seinen vier Bedeutungen.

Die Welt als Vorstellung ist aber nicht die ganze bzw. nicht die einzige Welt. Die Welt ist auch Wille. Zu fragen ist: Wie gelangt Schopenhauer hin zu dieser anderen Welt? Mit dieser Frage läßt sich zur Behandlung des 2. Buches von Schopenhauers Hauptwerk überleiten. Schon im allerersten Paragraphen des 1. Buches hatte Schopenhauer angedeutet: „nur sofern sie Vorstellung ist, betrachten wir die Welt in diesem ersten Buche. Daß jedoch diese Betrachtung, ihrer Wahrheit unbeschadet, eine einseitige, folglich durch irgendeine willkürliche Abstraktion hervorgerufen ist, kündigt Jedem das innere Widerstreben an, mit welchem er die Welt als seine bloße Vorstellung annimmt; welcher Annahme er sich andererseits doch nimmermehr entziehn kann" (1, 30).

Die Welt als Wille und der Wille an sich

Jenes „innere Widerstreben", das Schopenhauer bei den Lesern des 1. Buches annimmt, hängt – wie sich am Anfang des 2. Buches zeigt – zusammen mit einer zunächst nur ‚gefühlten Bedeutung‘ unserer Vorstellungen. Die Welt der Vorstellung ist für uns da in anschaulichen Vorstellungen, in ‚Bildern‘, wie Schopenhauer jetzt sagt. Und da ‚fühlen‘ wir eine „Bedeutung, vermöge welcher diese Bilder nicht [...] völlig fremd und nichtssagend an uns vorüberziehn, sondern unmittelbar uns ansprechen, verstanden werden und ein Interesse erhalten, welches unser ganzes Wesen in Anspruch nimmt" (1, 137). Wir nehmen an der Welt der Vorstellung ein elementares Interesse, finden uns von den Erscheinungen ‚unmittelbar angesprochen‘ und betroffen. Wäre das möglich, wenn nichts anderes existierte als Erkenntnissubjekte und ihre bloßen Vorstellungen? Unser Gefühl antwortet uns: Nein. Aber es gilt, was wir da fühlen, zu denken.

Die aufgeworfene Frage ist die „nach der Realität der Außenwelt" (1, 148), aber auch nach der Realität derjenigen Vorstellungen, die wir – erkennend – von uns selbst als wollenden Subjekten haben. Zur Beantwortung der Frage kann die Mathematik nichts beitragen, denn sie hat es bei anschaulichen Vorstellungen nur mit Größenverhältnissen (mit dem Wieviel und Wiegroß) zu tun (vgl. 1, 138). Auch die Naturwissenschaften (einschließlich einer naturwissenschaftlich aufgefaßten Psychologie) helfen hier nicht weiter, denn sie forschen ja gerade unter der Herrschaft des Satzes vom Grund, haben es also mit Erscheinungen zu tun; die Naturkräfte, die in den Erscheinungen wirksam sind, bleiben diesen Wissenschaften nach Schopenhauers Auffassung fremd und ein Geheimnis (vgl. 1, 140). Wir sind hier als Philosophierende gefordert. Als solche wollen wir „die Bedeutung jener Vorstellungen wissen: wir fragen, ob diese Welt nichts weiter, als Vorstellung sei; in welchem Falle sie wie ein wesenloser Traum, oder ein gespensterhaftes Luftgebilde, an uns vorüberziehn müßte, nicht unserer Beachtung werth" (1, 141). Wenn wir diese Frage stellen, so ist, noch ganz unabhängig davon, ob sie eine Antwort finden kann, soviel doch schon „gewiß, daß dieses Nachgefragte etwas von der Vorstellung völlig und seinem ganzen Wesen nach Grundverschiedenes seyn muß, dem daher auch ihre Formen und ihre Gesetze völlig fremd seyn müssen" (ebd.). Wenn das gewiß ist, dann ist auch klar: Man kann sich nicht von den Vorstellungen aus den Weg zu dem Gesuchten bahnen wollen. Anders gesprochen: „*von außen* [ist] dem Wesen der Dinge nimmermehr beizukommen" (1, 142). Schopenhauer behauptet, daß alle Philosophen vor ihm gerade das versucht haben, dem Wesen der Dinge von außen beizukommen. Er beansprucht also für sich, einen neuen, ja den einzig erfolgversprechenden Weg einzuschlagen. Man kann, die eben zitierte Stelle abwandelnd, sagen: Schopenhauer unternimmt den Versuch, dem (allen Erscheinungen zugrundeliegenden) Wesen ,*von innen* beizukommen'. Was heißt das aber und wie geht es vor sich?

In §18 führt Schopenhauer dazu aus: Wenn wir, die diese Fragen stellen, nichts anderes wären als erkennende Subjekte, dann wäre es unmöglich, über die Welt als Vorstellung hinauszukommen; dann müßte die Frage nach der Realität der Außenwelt und nach der Realität unser selbst als (vom Gesetz der Motivation bestimmter) Subjekte des Wollens unbeantwortet bleiben. Nun sind wir aber *mehr* als nur „das rein erkennende Subjekt" (1, 142) – jeder von uns ist auch *Leib*. Und das macht es nach Schopenhauer, daß wir Individuen sind.

Nun hieß es schon einmal: Wir können unseren Leib erkennen. Als Erkenntnisobjekt ist er „Objekt unter Objekten und den Gesetzen der Objekte unterworfen" (1, 31) – ist er bestimmt vom principium individuationis und dem Satz vom Grund als Gesetz der Kausalität. *Dies* spricht aber eher dagegen als dafür, daß vom Leib aus der Schritt zur Welt als Wille vollzogen werden kann. Indessen: Es wurde auch schon angedeutet, daß Schopenhauer von der Erkenntnis des Leibes – für die der Leib bloß Erscheinung, bloß Vorstellung sein kann – ein anderes Innesein des Leibes unterscheidet. Und das kommt jetzt zum Tragen. Schopenhauer sagt: „Dem Subjekt des Erkennens, welches durch seine Identität mit dem Leibe als Individuum auftritt, ist dieser Leib auf zwei ganz verschiedene Weisen gegeben: ein Mal als Vorstellung in verständiger Anschauung, als Objekt unter Objekten, und den Gesetzen dieser unterworfen; sodann aber auch zugleich auf eine ganz andere Weise, nämlich als jenes Jedem unmittelbar Bekannte, welches das Wort *Wille* bezeichnet" (1, 143). Unser Leib ist uns nicht nur als Erkenntnisobjekt und von außen bekannt, als Teil der Außenwelt, die wir durch äußere Sinne wahrnehmen. Er ist uns auch ganz unmittelbar und von innen bekannt – und das als Wille. Das Wort Wille, „und dieses allein, giebt ihm [dem als Individuum erscheinenden Subjekt des Erkennens] den Schlüssel zu seiner eigenen Erscheinung, offenbart ihm die Bedeutung, zeigt ihm das innere Getriebe seines Wesens, seines Thuns, seiner Bewegungen" (ebd.).

Wie aber soll man das näher verstehen, daß unser Leib uns unmittelbar, von innen bekannt ist, nämlich als Wille? Antwort: Von innen betrachtet, zeigen sich Wille und Leib als unlöslich vereint – nämlich als jeweiliger Akt des Willens und jeweilige Aktion des Leibes. „Jeder wahre Akt" unseres Willens „ist sofort und unausbleiblich auch eine Bewegung" unseres Leibes (ebd.). Wenn wir uns wirklich auf einen uns zur Verfügung stehenden Stuhl setzen wollen, dann setzen wir uns auch. Wenn wir wirklich aus einem Zimmer herausgehen wollen (und daran nicht gehindert werden), dann gehen wir auch heraus. Schopenhauer spricht hier von wahren Akten des Willens im Unterschied zum bloß unverbindlichen Wünschen; dieses löst möglicherweise keine Aktionen des Leibes aus.

Allerdings bleibt, auch wenn man diese Unterscheidung eingeräumt hat, Schopenhauers These, daß *jeder* Willensakt unausbleiblich und sofort eine Aktion des Leibes auslöst, problematisch. Denn: Wie steht es mit Entscheidungen, die wir für die nähere oder fernere Zukunft treffen? Für Schopenhauer sind solche Entscheidungen ebenfalls keine Willensakte. Er sagt: „Willensbeschlüsse, die sich auf die Zukunft beziehn, sind bloße Ueberlegungen der Vernunft, über das, was man dereinst wollen wird, nicht eigentliche Willensakte: nur die Ausführung stämpelt den Entschluß, der bis dahin immer nur noch veränderlicher Vorsatz ist [...]. In der Reflexion allein ist Wollen und Thun verschieden: in der Wirklichkeit sind sie Eins" (1, 143 f.). Sicherlich *kann* ein auf die Zukunft bezogener Beschluß, zu dessen Verwirklichung man noch nichts unternimmt oder unternehmen kann, umgestoßen werden. Aber Schopenhauer dürfte hier doch – zugunsten der Allgemeinheit seiner These – den Willen in seiner Fähigkeit zum Entschluß unterschätzen. Außerdem gibt es Willensakte, die gar keiner leiblichen Aktion zu ihrer Verwirklichung bedürfen, z. B. wenn jemand beschließt, etwas zu unterlassen, das er gerne täte. Aber: Wenn Schopenhauer mit seiner These, *jeder* wahre Akt des Willens sei sofort und unausbleiblich auch eine Bewegung des Leibes, über das Ziel hinausschießt, unbestreitbar ist doch, *daß* es eine solche Einheit von Willensakt und Aktion des Leibes *gibt*. Man kann deshalb Schopenhauer folgen, wenn er sagt: „Die Aktion des Leibes ist nichts Anderes, als der objektivirte, d. h. in die Anschauung getretene Akt des Willens" (1, 143). Die Aktion unseres Leibes nehmen wir wahr, in äußerer Anschauung. Wir haben aber von innen her Bekanntschaft mit dem Willensakt, der ihr zugrunde liegt, und so fassen wir zu Recht die Aktion des Leibes auf als Objektivation, als Nach-außen-treten des Willensaktes. Als Aktion des Leibes wird uns unser Willensakt gegenständlich – kommt er uns entgegen aus der Außenwelt.

Schopenhauer geht über die Ineinssetzung von einzelnem Willensakt und einzelner Aktion des Leibes noch hinaus. Er sagt, daß „der ganze Leib nichts Anderes, als der objektivirte, d. h. zur Vorstellung gewordene Wille ist" (ebd.). Es empfiehlt sich, zur Ergänzung § 20 beizuziehen. Dort spricht Schopenhauer davon, daß „der ganze Leib selbst, [...] folglich auch der Proceß durch den und in dem er besteht – nichts Anderes, als die Erscheinung des Willens, die Sichtbarwerdung, *Objektität* des *Willens*" ist, und er macht den wichtigen Zusatz: „Hierauf beruht die vollkommene Angemessenheit des menschlichen und thierischen Leibes zum menschlichen und thierischen Willen überhaupt, [...] erscheinend als Zweckmäßigkeit, d. i. die teleologische Erklärbarkeit des Leibes. Die Theile des Leibes müssen deshalb den Hauptbegehrungen, durch welche der Leib sich manifestirt, vollkommen entsprechen" (1, 152 f.). – Der Leib ist Wille – als Erscheinung desselben. Und damit wäre für eine bestimmte Erscheinung der Schritt über die Erscheinung hinaus getan, hin zum Willen als dem ihr zugrundeliegenden Ding an sich. Unser Leib ist also mehr als bloße Vorstellung. Er ist real. Denn etwas Wirkliches, unser Wille, erscheint ja in ihm. Es wird gleich zu zeigen sein, wie Schopenhauer von hier aus die ganze Welt der Vorstellung auf die Welt als Wille gründet.

Zuvor aber bedarf es noch einiger Ergänzungen. Zunächst ist darauf hinzuweisen, daß Schopenhauer seine Behauptung der „Identität des Willens und des Leibes" (1, 145) noch mit weiteren Argumenten stützt. Nicht nur werden Willensakte zu Aktionen des Leibes. Sondern auch Einwirkungen auf den Leib werden ‚sofort und unmittelbar' auch Einwirkungen auf den Willen (vgl. 1, 144). Schopenhauer nennt Schmerz und Wohlbehagen (sowie Wollust als ein Maximum an Wohlbehagen). Man begegnet hier übrigens dem Tatbestand, daß Schopenhauer die Affekte als Affektionen des Willens versteht – und das gilt nicht nur von den soeben genannten, sondern etwa auch von Mitleid, Zorn, Furcht. Andere Philosophen haben Willensvollzüge und Affektionen stärker geschieden. Bei Kant z. B. gibt es das Gefühl der Lust und Unlust als eigenes Vermögen neben dem Begehrungsvermögen. Aber das nur am Rande. Wichtiger ist hier eben der Gedanke, daß Einwirkungen auf den Leib auch Einwirkungen auf den Willen sind und daß sie, als solche, Schmerz sind, „wenn sie dem Willen zuwider" sind, Wohlbehagen oder gar Wollust, „wenn sie ihm gemäß" sind (ebd.). – Und noch ein weiteres Argument bringt Schopenhauer für die Identität von Leib und Wille, nämlich: „daß jede heftige und übermäßige Bewegung des Willens, d. h. jeder Affekt, ganz unmittelbar den Leib und dessen inneres Getriebe erschüttert und den Gang seiner vitalen Funktionen stört" (1, 144 f.).

Ferner sei darauf hingewiesen, daß Schopenhauer etwas recht Wichtiges einräumt: Er räumt ein, daß das unmittelbare Bewußtsein, das wir von unserem Willen haben, stets nur Bewußtsein von einzelnen Willensakten ist. Er sagt: „Ich erkenne meinen Willen nicht im Ganzen, nicht als Einheit, nicht vollkommen seinem Wesen nach, sondern ich erkenne ihn allein in seinen einzelnen Akten, also in der Zeit" (1, 145). Das müßte aber, da die Zeit zu den Formen der Erscheinung gehört, besagen: Die erkennbaren Willensakte sind selbst schon Erscheinungen, Erscheinungen des Willens, der selbst nicht zeitlich sein kann. Und die Objektivation der Willensakte in den Aktionen des Leibes wäre dann Erscheinung der Erscheinung. Hier zeigt sich ein Problem, das in Schopenhauers Philosophie an verschiedenen Stellen und auf verschiedenen Ebenen wiederkehrt. Es ist das Problem, daß Erscheinung und Ding an sich bei ihm relative Begriffe sind. Das soll heißen: Was Schopenhauer auf einer Betrachtungsstufe als Ding an sich und der Erscheinung zugrunde liegend ansetzt, kann ihm auf einer anderen Betrachtungsstufe zur Erscheinung werden.

Schließlich ist noch zu erwähnen: Schopenhauer äußert sich (am Ende von § 18) zu der Art der Erkenntnis, die in diesem Paragraphen vollzogen wurde. Was ist das für eine Erkenntnis, die die Identität des Willens und des Leibes begreift und damit jedenfalls einem Ausschnitt der Außenwelt schon einmal Realität zuspricht? Wir haben, sagt Schopenhauer, von der Identität des Willens und des Leibes ein unmittelbares Bewußtsein, eine „Erkenntniß *in concreto*"; diese haben wir, durch unsere Überlegungen, „zum Wissen der Vernunft erhoben"; damit haben wir das unmittelbar Bewußte in Begriffe gefaßt und die Erkenntnis in concreto in eine „Erkenntniß *in abstracto* übertragen" (1, 145). Dabei haben wir nichts *bewiesen*. Und Schopenhauer hebt hervor, daß es sich hier nicht um Erkenntnis und Wahrheit von der Art handelt, wie sie in seiner Schrift *Ueber die vierfache Wurzel des Satzes vom zureichenden Grunde* thematisch waren. Der Boden der Gültigkeit des Satzes vom Grund ist verlassen; die Notwendigkeit ist damit ebenfalls zurückgelassen. Und so muß denn hier von einer neuen Erkenntnisart gesprochen werden, die auf völlige Gewißheit keinen Anspruch erheben kann. Ihre Wahrheit nennt Schopenhauer philosophische Wahrheit, und er erklärt, daß er sie damit vor allen anderen Weisen der Wahrheit, die durch den Satz vom Grund getragen werden, ‚auszeichne' (vgl. 1, 146).

Dies bereitet nun schon darauf vor, daß auch der weitere Erkenntnisschritt, mit dem Schopenhauer über die Identität von Leib und Wille zur Identität der Welt als Vorstellung und der Welt als Wille fortschreitet, keinen Beweischarakter haben wird, ja überhaupt nicht unter den Maßstab des Satzes vom Grund gestellt werden kann. Auch hier handelt es sich wieder um philosophische Erkenntnis als Erkenntnis gänzlich eigener Art. Schopenhauer selbst jedenfalls sieht das so.

Die Lage ist für den nun zu vollziehenden Erkenntnisschritt sogar noch etwas mißlicher. Als es um die Identität von Leib und Wille ging, konnte etwas uns unmittelbar und innerlich Bekanntes für die philosophische Erkenntnis in Anspruch genommen werden – eben unsere unmittelbare Bekanntschaft mit unserem Wollen und mit der Umsetzung der Willensakte in Aktionen des Leibes. Jetzt aber, bei der Erweiterung der Überlegung für die ganze Welt der Vorstellung, steht eine entsprechende unmittelbare und innere Bekanntschaft nicht mehr zur Verfügung. Schopenhauer bedient sich deshalb jetzt der *Analogie*.

Wer die Identität von Leib und Wille zu philosophischer Klarheit erhoben hat, der wird sich fragen, ob „dieses eine Objekt [sein eigener Leib] ganz allein unter allen zugleich Wille und Vorstellung ist, die übrigen [Objekte] hingegen bloße Vorstellung, d.h. Phantome sind, sein Leib also das einzige wirkliche Individuum in der Welt, d.h. die einzige Willenserscheinung" ist (1, 147). Um weiterzukommen in dieser Frage nach der Realität einer Außenwelt mit anderen Dingen, Lebewesen, Menschen, faßt Schopenhauer folgenden Entschluß: Er will die „Erkenntniß, welche wir vom Wesen und Wirken unsers eigenen Leibes haben, weiterhin als einen Schlüssel zum Wesen jeder Erscheinung in der Natur gebrauchen und alle Objekte […] eben nach Analogie jenes Leibes beurtheilen" (1, 148). Wer das tut, der macht eine *Annahme* (vgl. ebd.). Er nimmt von allen anderen Objekten an, „daß, wie sie einerseits, ganz so wie er, Vorstellung und darin mit ihm gleichartig sind, auch andererseits, wenn man ihr Daseyn als Vorstellung des Subjekts bei Seite setzt, das dann noch übrig Bleibende, seinem innern Wesen nach, das selbe seyn muß, als was wir an uns *Wille* nennen" (1, 148 f.). Der Vorgang dieser Annahme kann noch etwas verdeutlicht werden. Vom menschlichen Leib ließ sich, philosophisch gegründet, sagen: Er ist Erscheinung des Willens. Nun gibt es andere Erscheinungen der Außenwelt als nur unseren Leib. Sie sind unsere Vorstellungen. Die Annahme beinhaltet nun: Wenn man das Vorstellung-sein der Erscheinungen ‚beiseite setzt‘, dann bleibt noch etwas anderes übrig, und dies Übrigbleibende ist dasselbe, was bei uns ‚übrig bleibt‘, wenn wir beiseite setzen, daß unser Leib Vorstellung ist: Es ist Wille.

Klar ist die Analogie, die hier vollzogen wird. Schopenhauer denkt nach einem Verhältnis, bzw. er überträgt ein Verhältnis: So, wie sich beim menschlichen Leib Erscheinung und inneres Wesen verhalten, so auch bei allen übrigen Vorstellungen, bei allen übrigen Objekten der Außenwelt. So, wie der Leib identisch ist mit dem Willen und den Willen objektiviert (in die Anschauung treten läßt), so steht es auch bei allem übrigen. Alle Vorstellungen, alle Objekte der Außenwelt sind mit Willen identisch; in allen objektiviert sich Wille, tritt Wille in die Anschauung. Alles ist „seinem innern Wesen nach" Wille. Das heißt zugleich: Alles ist seinem inneren Wesen nach eins. *Das Ding an sich ist Wille.* Freilich muß dieser Wille noch näher bestimmt werden, und man muß sich hüten, menschliches Wollen zum Modell zu nehmen für den Willen als Ding an sich. *So* will die Analogie nicht verstanden sein. Das wird gleich noch deutlicher werden.

Die Analogie geht aus von Gleichartigkeit in dem Bereich der Vorstellung; sie überträgt die Gleichartigkeit von Erscheinungen auf ein in ihnen zugrundeliegendes ‚inneres Wesen‘. Genauer gesagt: Sie überträgt ein Verhältnis. Gleichartig ist mein Leib als Vorstellung mit anderen Vorstellungen, als Objekt mit anderen Objekten. Mein Leib ist aber seinem inneren Wesen nach Wille. Auch darin, so die Analogie, ist alles übrige mit ihm gleichartig; auch bei allem übrigen besteht dieses Verhältnis. *Alle* Erscheinungen sind in ihrem inneren Wesen Wille, *alle* sind Objektivationen

94

des Willens. Als solche sind alle real. Die Außenwelt ist kein Phantom. Erscheinung ist *Willens*erscheinung. Die Welt, die unsere Vorstellung ist, ist – unabhängig von unserem Vorstellen und seinen subjektiven Bedingungen – *Wille*. Sie hat eine *andere*, dem *Erkennen* nach dem Satz vom Grund *entzogene Seite:* den Willen.

Sollte nun jemand Bedenken haben gegen die von Schopenhauer vollzogene Analogie, sie vielleicht angesichts ihrer weitreichenden Folgen für zu unsicher halten, so würde ihm von Schopenhauer entgegengehalten: „welche andere Art von Daseyn oder Realität sollten wir der übrigen Körperwelt beilegen? woher die Elemente nehmen, aus der [sic] wir eine solche zusammensetzten? Außer dem Willen und der Vorstellung ist uns gar nichts bekannt, noch denkbar. [...] Wir können daher eine anderweitige Realität, um sie der Körperwelt beizulegen, nirgends finden" (1, 149). – Man steht hier gleichsam an einem Scheideweg zwischen Kant und Schopenhauer. Kant hatte sich zur Unerkennbarkeit der Dinge an sich selbst bekannt und sie als unerkannte den Erscheinungen zugrunde gelegt. Schopenhauer befriedigt das nicht. Den Erscheinungen eine unbekannte Realität ‚beilegen', das kommt für ihn dem gleich, ihr gar keine Realität ‚beizulegen'. Und nachdem er eine Einheit von Leib und Wille entdeckt hat, sieht er sich zu seiner Analogie ermutigt. Er stellt die Mitphilosophierenden vor die Entscheidung, ob sie die Analogie mit tragen wollen. Für diese Entscheidung ist natürlich wichtig, ob die Analogie sich bei Schopenhauer weiterhin bewährt. Und zunächst einmal muß sie vor Mißverständnissen geschützt werden. Dies läßt Schopenhauer sich sofort schon angelegen sein. Noch in § 19 heißt es: „dieses Wesen des Willens aber haben wir zuvörderst näher kennen zu lernen, damit wir Das, was nicht ihm selbst, sondern schon seiner, viele Grade habenden Erscheinung angehört, von ihm zu unterscheiden wissen: dergleichen ist z. B. das Begleitetseyn von Erkenntniß und das dadurch bedingte Bestimmtwerden durch Motive: dieses gehört [...] nicht seinem Wesen, sondern bloß seiner deutlichsten Erscheinung als Thier und Mensch an" (1, 149). Wenn wir den Willen auffassen als bestimmt durch Motive, durch vorgestellte Objekte, dann blicken wir auf eine Art der Erscheinung des Willens, nicht auf sein Wesen. Wir blicken darauf, wie der Wille in Tier und Mensch erscheint. Und diese Erscheinungsform dürfen wir natürlich nicht auf den Willen selbst übertragen. Schopenhauer fährt in diesem Sinne fort: „Wenn ich daher sagen werde: die Kraft, welche den Stein zur Erde treibt, ist ihrem Wesen nach, an sich und außer aller Vorstellung, Wille; so wird man diesem Satz nicht die tolle Meinung unterlegen, daß der Stein sich nach einem erkannten Motive bewegt, weil im Menschen der Wille also erscheint" (ebd.). Über die Abwehr eines groben Mißverständnisses hinaus ist der Stelle positiv zu entnehmen: Das Ding an sich als Wille denken, bedeutet mit Bezug auf die leblose Natur: Die in ihr waltenden Kräfte sind ihrem Wesen nach Wille. Im Wirken der Naturkräfte, das wir nur als Wirkzusammenhang von Erscheinungen vorstellen können, wirkt der Wille. Kraft ist in ihrem Wesen Wille. Schopenhauer wird dazu in § 21 ganz konkret: Wer die grundlegende Analogie vom Leib auf alle Erscheinungen vollzogen hat, der wird als Willen begreifen „die Kraft, durch welche der Krystall anschießt, die, welche den Magnet zum Nordpol wendet, […] die, welche in den Wahlverwandtschaften der Stoffe als Fliehn und Suchen, Trennen und Vereinen erscheint, ja, zuletzt sogar die Schwere, welche in aller Materie so gewaltig strebt, den Stein zur Erde und die Erde zur Sonne zieht" (1, 154). Physik, Chemie, Astronomie haben es mit Naturkräften zu tun, deren Wesen Wille ist.

In der belebten Natur ist die „Kraft, welche in der Pflanze treibt und vegetirt" (ebd.), als Wille zu sehen. Dazu sagt Schopenhauer im 2. Band von *Die Welt als Wille und Vorstellung*: Im Pflanzenleben „sehn wir ein entschiedenes Streben, durch Bedürfnisse bestimmt, mannigfaltig modificirt und der Verschiedenheit der Umstände sich anpassend" (3, 345); Schopenhauer fügt hinzu:

„die Anerkennung einer Begierde, d. h. eines Willens, als Basis des *Pflanzenlebens*" finde man „zu allen Zeiten, mit mehr oder weniger Deutlichkeit des Begriffs, ausgesprochen" (3, 346). Und obwohl Schopenhauer zur „deutlichsten Erscheinung" des Willens auch Tiere rechnet und auf der Stufe der Tiere sehr wohl ein „Begleitetseyn [des Wollens] von Erkenntniß und das dadurch bedingte Bestimmtwerden durch Motive" konstatiert (vgl. die unlängst zitierte Stelle 1, 149), so sieht man doch an den Tieren besonders deutlich, „daß der Wille auch da wirkt, wo keine Erkenntniß ihn leitet"; man sieht es „an dem Instinkt und den Kunsttrieben der Thiere. Daß sie Vorstellungen und Erkenntniß haben, kommt hier gar nicht in Betracht, da der Zweck, zu dem sie gerade so hinwirken, als wäre er ein erkanntes Motiv, von ihnen ganz unerkannt bleibt [...]. Der einjährige Vogel hat keine Vorstellung von den Eiern, für die er ein Nest baut; die junge Spinne nicht von dem Raube, zu dem sie ein Netz wirkt [...]. In solchem Thun der Thiere ist doch offenbar, wie in ihrem übrigen Thun, der Wille thätig: aber er ist in blinder Thätigkeit, die zwar von Erkenntniß begleitet, aber nicht von ihr geleitet ist" (1, 159 f.). Von Erkenntnis begleitet ist z. B. das Tun jener ein Netz hervorbringenden jungen Spinne, insofern sie Wahrnehmung hat; ihr Tun ist aber nicht von Erkenntnis geleitet, weil sie hier aus Instinkt, ohne Motiv und in diesem Sinne blind tätig ist. Hat man das erst einmal durchschaut, dann wird man „das Wirken des Willens nun auch leichter in Fällen wiedererkennen, wo es weniger augenfällig ist" – so, wenn er „blind, als nach außen gerichteter Bildungstrieb wirkt" (etwa beim ‚Hausbau‘ einer Schnecke), und auch in uns Menschen, nämlich „in allen den Funktionen unsers Leibes, welche keine Erkenntniß leitet, in allen seinen vitalen und vegetativen Processen" (1, 160).

Es ging im vorigen darum, kurz vorzuführen, wie Schopenhauer konkret den Willen in allen Erscheinungen als wirkend ansetzt und ihn auch in solchem Wirken am Werk sieht, das von unserem gewöhnlichen, viel engeren Verständnis von Wille aus nicht als willenhaft zu begreifen wäre. Jetzt ist noch klarer geworden: Das Wollen, das durch Motive bestimmt wird und bei den ‚erkennenden‘ Wesen anzutreffen ist, ist *eine* Erscheinungsform des Willens als Ding an sich, eine neben anderen.

Der Wille selbst, an sich, ist hier bis jetzt noch nicht gedacht worden. Das muß nun geschehen. Negativ kann man ihn zunächst einmal bestimmen, indem man alles von ihm verneint, was Bedingung von Erscheinungen ist – alle Grundbedingungen also des menschlichen Erkennens von Gegenständen. Das sind: das principium individuationis, der Satz vom Grund in allen seinen Gestalten sowie seine Wurzel, die Subjekt-Objekt-Spaltung. Soviel läßt sich also schon sagen: Der Wille als Ding an sich ist nicht räumlich. Auch Zeit kommt ihm nicht zu; er kennt kein Nacheinander. Dies letztere, ins Positive gewendet, besagt schon: Da nur in der Zeit etwas anfangen und aufhören kann, muß der Wille als Ding an sich anfangslos und endlos sein – er muß (in diesem Sinne) ewig sein. Der Wille selbst kann nicht angefangen haben und wird nie aufhören. Mit der Zeit ist aber auch jedes innere Werden von ihm verneint, jede Veränderung seines Wollens – er will immer, und immer dasselbe. So erklärt Schopenhauer denn, falsch sei jede „Ansicht des Wesens an sich der Welt [in der] irgend ein *Werden*, oder Gewordenseyn, oder Werdenwerden sich vorfindet, irgendein Früher oder Später die mindeste Bedeutung hat und folglich, deutlich oder versteckt, ein Anfangs- und ein Endpunkt der Welt, nebst dem Wege zwischen beiden gesucht und gefunden wird" (2, 345 f.). – Raum und Zeit als principium individuationis sind bei Schopenhauer für Vielheit verantwortlich. Der Wille als Ding an sich ist ohne Vielheit. Auch das läßt sich schon positiv wenden: Der Wille als Ding an sich muß *einer* sein. Deshalb spricht Schopenhauer – anders als Kant – von *dem* Ding an sich, im Singular. Jede Differenzierung in eine Pluralität von Willen gehört schon auf die Seite seines Erscheinens, seiner Objektivation. – Vom Satz vom Grund her ergibt sich: Im Willen als Ding an sich gibt es keine Kausalität; er entzieht sich aller Logizität (er ist insofern etwas Irrationales); bei ihm greift das Gesetz der Motivation nicht. Schlechterdings weist er jedes Grund-Folge-Verhältnis von sich ab – und damit zugleich jegliche Notwendigkeit. Deshalb kann man von ihm sagen: Er ist frei. Man kann es sagen, wenn man *Schopenhauers* Freiheitsbegriff anwendet, der an dieser Stelle nur erst kurz erwähnt werden soll. Er ist negativ und meint: Abwesenheit aller Notwendigkeit. Das Wollen des Willens an sich ist frei in diesem Sinn. – Vom Willen als Ding an sich kann schließlich das „Zerfallen in Objekt und Subjekt" (1, 29) verneint werden. Es ist ja die Wurzel des Satzes vom Grund, die unterste und erste Bedingung unseres Erkennens. Der Wille als Ding an sich ist kein Subjekt, das Objekte seines Wollens hat. Sein Gewolltes ist nicht ein Anderes, das wie ein Objekt ihm, als einem Subjekt, gegenübersteht. Wenn dennoch zu fragen sein wird, was denn dieser Wille an sich will, darf als Antwort nur erwartet werden, daß er – auf eine näher zu bestimmende Weise – eine Seinsweise seiner selbst will. – Wenn dem Willen an sich das „Zerfallen in Objekt und Subjekt" abgesprochen werden muß (und mit ihm alles, wofür es Wurzel ist), dann muß ihm auch Erkenntnis abgesprochen werden. Und das bedeutet: Das Wollen des Willens an sich ist dumpf.

In § 29 seines Hauptwerkes gibt Schopenhauer zu verstehen: Der Wille, der „das Wesen an sich der Welt" ist (1, 216), ist *grund*-los und *ziel*-los. Wo wir berechtigterweise nach einem Warum fragen, da befinden wir uns im Bereich des Erkennens, der Vorstellung, des Satzes vom Grund. Der Satz vom Grund in seinen vier Bedeutungen erschöpft alle Möglichkeiten, sinnvoll „Warum?" zu fragen. Und er gilt eben, als unsere Erkenntnisbedingung, nur von Erscheinungen. Vom Willen vor aller Erscheinung, vom Willen als innerem Wesen der Welt, gilt er nicht. Deshalb ist nach Schopenhauer die Frage sinnlos (und bekundet ein noch unzureichendes Verständnis), warum der Wille an sich will. Sein Wollen ist eben grund-los. Damit hängt aber schon zusammen, daß es auch ziellos ist. Es kommt niemals bei etwas an, durch das – als Grund und Zweck des Wollens – es in Bewegung gesetzt worden wäre; denn solchen Grund und Zweck gibt es ja hier nicht. Jeder erscheinende Wille ist „Wille nach Etwas, hat ein Objekt, ein Ziel seines Wollens" (ebd.); nicht so der Wille an sich. Und so sagt Schopenhauer denn: „In der That gehört Abwesenheit alles Zieles, aller Gränzen, zum Wesen des Willens an sich, der ein endloses Streben ist" (1, 217). Als an früherer Stelle Zeit vom Willen an sich verneint wurde, da wurde von seiner Endlosigkeit gesprochen, und damit war gemeint, daß der Wille an sich niemals aufhören kann. Das beinhaltet: Er hat kein Gesamtziel, bei dessen Erreichen er befriedigt wäre. Jetzt gilt es zu beachten: Der Wille an sich hat auch keine Einzelziele. In diesem – Gesamtziel und Einzelziele umfassenden – Sinn spricht Schopenhauer in der zitierten Stelle von „Abwesenheit alles Zieles, aller Gränzen", von ‚endlosem Streben'.

Nun muß man aber weiterhin sehen, daß es *dieser* so zu verstehende Wille ist, *der erscheint.* Und so gilt zwar, daß jedes wollende Individuum jeweils etwas Bestimmtes will, daß es ein Objekt, ein Ziel des Wollens hat. Aber es gilt auch, daß es, das Individuum, bei Erreichen eines Zieles nie zur Ruhe kommt. Weil der ziel- und grenzenlose Wille in ihnen erscheint, deshalb gilt von allen Erscheinungen: „Jedes erreichte Ziel ist wieder Anfang einer neuen Laufbahn, und so ins Unendliche" (ebd.); „ewiges Werden, endloser Fluß, gehört zur Offenbarung des Wesens des Willens" (1, 218).

Schopenhauer geht das konkret für alle Bereiche der Erscheinungen durch, für das Leblose, die Pflanzen, die Tiere und den Menschen. Zunächst folgt hier ein Zitat aus § 56, wo Schopenhauer eine sehr klare Wiederholung von schon Dargelegtem gibt. Zuerst faßt er den Gedanken noch einmal allgemein, und dann geht er zur Anwendung über: Es zeigt sich, „wie der Wille, auf allen Stufen seiner Erscheinung, von der niedrigsten bis zur höchsten, eines letzten Zieles und Zweckes ganz entbehrt, immer strebt, weil Streben sein alleiniges Wesen ist, dem kein erreichtes Ziel ein Ende macht, das daher keiner endlichen Befriedigung fähig ist, sondern nur durch Hemmung aufgehalten werden kann, an sich aber ins Unendliche geht. Wir sahen dies an der einfachsten aller Naturerscheinungen, der Schwere, die nicht aufhört zu streben und nach einem ausdehnunglosen Mittelpunkt, dessen Erreichung ihre und der Materie Vernichtung wäre, zu drängen, nicht aufhört, wenn auch schon das ganze Weltall zusammengeballt wäre. Wir sehn es in den andern einfachen Naturerscheinungen: das Feste strebt, sei es durch Schmelzen oder durch Auflösung, nach Flüssigkeit, wo allein seine chemischen Kräfte frei werden [...]. Das Flüssige strebt nach Dunstgestalt [...]. Die Elektricität pflanzt ihre innere Selbstentzweiung ins Unendliche fort [...]. Eben ein solches rastloses, nimmer befriedigtes Streben ist das Daseyn der Pflanze, ein unaufhörliches Treiben, durch immer höher gesteigerte Formen, bis der Endpunkt, das Saamenkorn, wieder der Anfangspunkt wird: dies ins Unendliche wiederholt: nirgends ein Ziel, nirgends endliche Befriedigung, nirgends ein Ruhepunkt" (2, 386f.). Und aus § 29 läßt sich die Stufung fortsetzen: „Eben so ist der Lebenslauf des Thieres: die Zeugung ist der Gipfel desselben, nach dessen Erreichung das Leben des ersten Individuums schnell oder langsam sinkt, während ein neues der Natur die Erhaltung der Species verbürgt [...]. Ja, als die bloße Erscheinung dieses beständigen Dranges und Wechsels ist auch die stete Erneuerung der Materie jedes Organismus anzusehn [...]. Das Selbe zeigt sich endlich auch in den menschlichen Bestrebungen und Wünschen, welche ihre Erfüllung immer als letztes Ziel des Wollens uns vorgaukeln; sobald sie aber erreicht sind, sich nicht mehr ähnlich sehn und daher bald vergessen [...] werden" (1, 218). Auch vom menschlichen Wollen gilt also: Es ist rastlos, niemals wirklich befriedigt. Schopenhauer kann hier anknüpfen an Philosophen vor ihm, so an Kant, der sagt, der Mensch erreiche niemals seinen letzten Naturzweck, die Glückseligkeit, „denn seine Natur ist nicht von der Art, irgendwo im Besitze und Genusse aufzuhören und befriedigt zu werden" (*Kritik der Urteilskraft*, § 83). Schopenhauer gibt dafür eine Begründung aus dem Willen an sich. Auch im Menschen treibt und drängt der Wille an sich als zielloser. Demgemäß sagt Schopenhauer vom Menschen ferner: Sein Wille weiß, „was er jetzt, was er hier will; nie aber was er überhaupt will: jeder einzelne Akt hat einen Zweck; das gesammte Wollen keinen" (1, 218).

Der Wille an sich ist negativ bestimmt worden; es wurde gesagt, was ihm nicht zukommt. Dabei spielte seine Grund- und Ziellosigkeit (ins Unendliche) eine wichtige Rolle, und soeben wurde vorgeführt, wie sie sich auswirkt in der Welt der Erscheinungen.

Geklärt ist also: Der Wille an sich hat kein Ziel, keinen Zweck, kein Objekt des Wollens. Trotzdem wird man fragen dürfen: Was will er denn nun eigentlich? ‚Irgend etwas' muß er doch wollen, erstreben? Und was wäre das, wenn es kein Objekt sein kann? Vorgreifend wurde schon einmal angenommen: Es muß wohl eine Seinsweise seiner selbst sein, was der Wille an sich will. Jetzt ist der Schritt zu Schopenhauers positiver Bestimmung des Willens an sich zu tun. Dafür ist vom Ende des 2. Buches überzugehen zum 4. Buch von *Die Welt als Wille und Vorstellung* (das 3. Buch wird dann in den beiden folgenden Abschnitten zur Geltung gebracht werden). Die Frage ‚Was will denn nun eigentlich der Wille an sich?' ist gleichbedeutend mit der Frage: ‚*Was ist* denn nun eigentlich dieser Wille?' Schopenhauers Antwort: Der Wille an sich *will Leben*, er *ist Wille zum Leben*. Es ist aus dem Erörterten hinreichend klar, daß man hier nicht weiterfragen darf: ‚Warum will der Wille Leben?' Diese Frage stieße ins Leere, weil man nun ja nicht Erscheinungen, sondern den Willen an sich denken soll.

Was heißt das aber: Der Wille an sich will Leben? Was ist das Leben, das der Wille will? Hier dürfen durchaus vorphilosophische Vorstellungen vom Lebendigen eingebracht werden sowie die, die im vorigen schon anklangen. Pflanzen, Tiere, der Mensch leben. Bei Tieren und Menschen gehört dazu ein Leib. Schopenhauer hatte den Leib als Objektivation von Willen bestimmt. Und er hatte auch im Leben der Pflanzen Wille, Streben entdeckt. Leben ist bewegter Vollzug. Es vollzieht sich in der Zeit. Und: Das Lebendige vollbringt seine Gegenwart im Raum, es ist in diesem Sinne da. Das alles läßt vermuten: Wo Schopenhauer Leben sagt, da spricht er von Erscheinungen. Und deshalb müßte Wille zum Leben heißen: Wille zum Erscheinen. So ist es in der Tat bei Schopenhauer. Der Wille an sich ist Wille zum Leben, das meint: Der Wille will seine eigene Objektivation, er will erscheinen – in Raum und Zeit; er will in die Anschauung treten; er will nach außen treten, will sichtbar werden. Dazu gehört Vielheit. Raum und Zeit sind ja das principium individuationis; und in Raum und Zeit existiert deshalb eben eine Vielheit von Individuen. Der Wille an sich, als Wille zum Leben, will also nicht *einer* bleiben; er will vielmehr seine Differenzierung. Schopenhauer sieht solche Differenzierung des an sich *einen* Willens durchaus als Selbstentzweiung. Und da die Selbstentzweiung des Willens, wie noch deutlich werden wird, zu gegeneinander kämpfenden Willenserscheinungen führt, bewirkt sie Leiden. Der Wille zum Leben als innerstes Wesen von allem muß zusammengesehen werden mit Schopenhauers Diktum, daß alles Leben Leiden ist. Und damit zeigt sich hier zum ersten Mal Schopenhauers Pessimismus, auf den zurückzukommen sein wird.

Es wurde gesagt: Der Wille an sich ist Wille zum Leben, das heißt: er will erscheinen. Hinzuzufügen ist: und er erscheint. Denn nichts kann sein Wollen hindern. Er ist ja das eine Ding an sich, und er ist grenzenlos. Schopenhauer spricht von der „Allmacht" des Willens (2, 385), und das besagt bei ihm eben: Nichts kann den Willen an sich hindern. Der Wille an sich erscheint – ungehemmt, unaufhörlich, ohne Ende. Sein Leben ist das Insgesamt der Erscheinungen, die sichtbare Welt. Schopenhauer sagt, „die ganze sichtbare Welt" sei „Aeußerung und Abbild" der Allmacht und Freiheit des Willens (ebd.). Und so anfangs- und endlos der Wille an sich ist, so anfangs- und endlos ist auch die sichtbare Welt. Bei Schopenhauer klingt in diesem Zusammenhang ein Gedanke an, dem Nietzsche dann (im Rahmen eines veränderten philosophischen Grundansatzes) großes Gewicht gegeben hat – als dem Gedanken von der ewigen Wiederkehr des Gleichen. Schopenhauer argumentiert in § 53, „daß eine ganze Ewigkeit, d. h. eine unendliche Zeit, bis zum jetzigen Augenblick bereits abgelaufen ist, weshalb Alles, was da werden kann oder soll, schon geworden seyn muß" (2, 346). Also: Eine unendliche Zeit liegt hinter uns. Und das ist deshalb so, weil der Wille zum Leben anfangslos ist, immer aber erscheint. In einer unendlichen zurückliegenden Zeit aber muß alles einzelne, das werden (entstehen) kann, schon einmal geworden und dagewesen sein. Und nun muß man die Gedankenlinie weiter ausziehen: Es liegt auch eine unendliche Zeit *vor* uns – denn der Wille zum Leben ist ohne Ende. Also müssen die schon dagewesenen Erscheinungen wiederkehren, und das immerfort. Dieser Gedanke (für den vorausgesetzt ist, daß „Alles, was da werden kann oder soll" eine endliche Vielheit ist) hat bei Schopenhauer jedoch keine zentrale Bedeutung. Anders allerdings steht es mit dem verwandten Gedanken der Wiedergeburt, wie sich zeigen wird.

Doch zurück zur Hauptlinie des Gedankengangs. ‚Die ganze sichtbare Welt' sollte als ‚Äußerung und Abbild' der Allmacht des Willens zum Leben verstanden werden. Und dabei war vom Ding an sich her zu denken. Aber: Auch die sichtbare Welt *selbst zeigt sich* als Äußerung und Abbild des Willens zum Leben. Dazu sagt

Schopenhauer in Kapitel 28 des 2. Bandes von *Die Welt als Wille und Vorstellung*: „Jeder Blick auf die Welt [...] bestätigt und bezeugt, daß *Wille zum Leben*, weit entfernt, eine beliebige Hypostase oder gar ein leeres Wort zu seyn, der allein wahre Ausdruck ihres innersten Wesens ist. Alles drängt und treibt zum *Daseyn*, wo möglich zum *organischen*, d. i. zum *Leben*, und danach zur möglichsten Steigerung desselben: an der thierischen Natur wird es dann augenscheinlich, daß *Wille zum Leben* der Grundton ihres Wesens, die einzige unwandelbare und unbedingte Eigenschaft desselben ist. Man betrachte diesen universellen Lebensdrang, man sehe die unendliche Bereitwilligkeit, Leichtigkeit und Ueppigkeit, mit welcher der Wille zum Leben, unter Millionen Formen, überall und jeden Augenblick, mittelst Befruchtungen und Keimen [...] sich ungestüm ins Daseyn drängt, jede Gelegenheit ergreifend, jeden lebensfähigen Stoff begierig an sich reißend" (3, 410). Diese Äußerung macht vollends klar: Wenn die sichtbare Welt Erscheinung des Willens zum Leben ist, dann heißt das: In jeder Erscheinung *wirkt* der Wille zum Leben, jede ist selbst im Innersten, zuerst und zuletzt, vom Willen zum Leben bestimmt und beherrscht. Auch läßt sich mit Hilfe des Zitats akzentuieren: Erscheinung des Willens zum Leben ist auch alles Unlebendige, Unorganische; der Begriff Leben umfaßt, in seiner weiteren Bedeutung, auch es. In der zitierten Stelle hieß es: „Alles drängt und treibt zum *Daseyn*, wo möglich zum *organischen*, d. i. zum *Leben*". Leben in der engeren Bedeutung des Wortes beginnt auf der Stufe des Organischen. Leben in der weiteren Bedeutung umfaßt auch Unorganisches, umfaßt alle Naturkräfte – als zum Dasein drängend und treibend.

Die Welt: Wille *und* Vorstellung

Das Ding an sich ist bei Schopenhauer Wille. Dieser Wille will eine Seinsweise seiner selbst: Er will leben; er will erscheinen; er will sich äußern in der sichtbaren Welt bzw. als sichtbare Welt. Dieselbe Welt, die zuvor als die ‚Welt als Vorstellung' zu denken war, ist auch und vor allem: ‚Welt als Wille'. Die Erscheinungen sind beides: Vorstellungen unseres Erkenntnisvermögens *und* Äußerungen des Willens zum Leben. Weil das so ist, sind unsere Vorstellungen keine bloßen Phantome, können wir der Realität der Außenwelt sicher sein.

Hier ergibt sich allerdings ein Grundproblem der Schopenhauerschen Position, das wohl nicht wirklich befriedigend zu lösen ist. Nämlich: Wie kommt es, daß der Wille als Ding an sich ausgerechnet in *den* Formen erscheint, die Erkenntnisbedingungen des Menschen sind? Wieso ist die Welt – als Äußerung des Willens zum Leben – ausgerechnet vom principium individuationis und vom Satz vom Grund bestimmt, wenn denn diese Prinzipien und ihre Wurzel, die Subjekt-Objekt-Spaltung, nichts anderes sein sollen als subjektive Bedingungen menschlicher Erkenntnis, wofür Schopenhauer sie ja erklärt?

Ersichtlich denkt Schopenhauer von zwei Seiten her: Vom menschlichen erkennenden Subjekt her kommt er zu Erscheinungen als Vorstellungen, die bedingt sind von jenen Erkenntnisprinzipien. Vom Ding an sich als Wille zum Leben her kommt er ebenfalls zu Erscheinungen – als Willensäußerungen eben des Willens zum Leben. Und beides fügt sich bei Schopenhauer umstandslos zusammen.

Allerdings muß eingeräumt werden, daß *ein* Gedanke, der in diesen Zusammenhang gehört, noch nicht zur Sprache gekommen ist. Das soll jetzt geschehen. Klar ist schon: Die sichtbare Welt ist bei Schopenhauer Objektivation und Abbild des Willens. Es kann nach Schopenhauer aber darüber hinaus gesagt werden, was diese Objektivation, dieses Erscheinen, *für den Willen zum Leben bedeutet:* „in der Welt als Vorstellung [ist] dem Willen sein Spiegel aufgegangen [...], in welchem er sich selbst erkennt, mit zunehmenden Graden der Deutlichkeit und Vollständigkeit, deren höchster der Mensch ist" (2, 347). Also: In der sichtbaren Welt erscheinend, gewinnt der Wille zum Leben einen Spiegel, in dem er sich selbst – als Wille zum Leben – anschauen kann. In den mannigfaltigen Willenserscheinungen spiegelt sich ihm sein Wesen, sein Wollen; und das um so deutlicher, je wollender die Erscheinung ist. Am wenigsten deutlich wird ihm sein Spiegelbild in den Naturkräften des Anorganischen, etwas deutlicher schon in den Pflanzen, noch deutlicher im bewußten, von Vorstellungen geleiteten Wollen der Tiere, am allerdeutlichsten aber im Menschen. In ihm erreicht ja das Wollen einen äußersten Grad. Denn hier vermag es – dank der Hilfe abstrakten Vorstellens – sich viel weiter zu erstrecken als bei anderen Willenserscheinungen und außerdem sein Gewolltes vernunftgeleitet und effektiv ins Werk zu setzen.

Widerspricht sich nun aber Schopenhauer nicht, wenn er den Willen als Ding an sich mit Erkenntnis in Zusammenhang bringt? Wurde dieser Wille nicht früher als erkenntnis*los*, ja dumpf bezeichnet? Auf diese Frage findet man bei Schopenhauer die Antwort: „Der Wille, welcher rein an sich betrachtet, erkenntnisloß und nur ein blinder, unaufhaltsamer Drang ist, wie wir ihn noch in der unorganischen und vegetabilischen Natur und ihren Gesetzen, wie auch im vegetativen Theil unsers eigenen Lebens erscheinen sehn, erhält durch die hinzugetretene, zu seinem Dienst entwickelte Welt der Vorstellung die Erkenntniß von seinem Wollen und von dem was es sei, das er will, daß es nämlich nichts Anderes sei, als diese Welt, das Leben, gerade so wie es dasteht" (ebd.).

Wer versucht ist zu fragen: ‚*Warum* will denn der Wille, der, an sich betrachtet, ein blinder Drang ist, sein Wollen erkennen?', der möge sich daran erinnern, daß bezüglich des Willens als Ding an sich die Warumfrage nach Schopenhauer sinnlos und unangebracht ist. Sinnvoll kann man demnach nur sagen: Der Wille will Leben, will Sichtbarkeit, will eine Welt; und in dieser Welt – als seiner Erscheinung – hat er den Spiegel seines Wollens, erkennt er sich.

Ideen und Kontemplation

Nach dem Vorgriff auf das 4. Buch von Schopenhauers Hauptwerk thematisieren nun dieser und der nächste Abschnitt etwas aus dem 3. Buch. Anschließend wird dann der Anfang des 4. Buches wieder aufgegriffen und der Weg des 4. Buches zu Ende gegangen.

Das 3. Buch hat den langen Titel: *„Der Welt als Vorstellung zweite Betrachtung:* Die Vorstellung, unabhängig vom Satze des Grundes: die Platonische Idee: das Objekt der Kunst." Wie sofort ersichtlich, tritt hier etwas Neues in die Betrachtung ein, das, in anderem Sinne, etwas sehr Altes ist. Schopenhauer handelt nochmals von der Welt als Vorstellung. Nun aber in anderer Bedeutung als zuvor. Welt als Vorstellung – das bedeutete bis jetzt: Welt als das Insgesamt der Individuen, als das All des Einzelnen und Vielen, wie es gemäß dem principium individuationis und dem Satz vom Grund in unserem Vorstellen gegeben ist. Jetzt aber ist von Vorstellungen anderer Art die Rede, von Vorstellungen, in denen wir Allgemeines (Arten, Gattungen) vorstellen. Schopenhauer knüpft dabei an Platon an. Hier möge man sich erinnern an eine schon einmal zitierte Äußerung, in der Schopenhauer, nachdem er Kant-Kenntnis zur Voraussetzung für das Verständnis seines Werkes erklärt hat, sagt: „Wenn aber überdies noch der Leser in der Schule des göttlichen *Plato* geweilt hat; so wird er um so besser vorbereitet und empfänglicher seyn, mich zu hören"

(1, 11). Das ist mit Bezug auf das 3. Buch von *Die Welt als Wille und Vorstellung* gesagt. Schopenhauer nimmt in ihm Platons Ideen in Anspruch. Er entfernt sich damit weit von Kant, für den ein derartiger Rückgriff auf Platons Ideen undenkbar gewesen wäre. – Was der Titel des 3. Buches schließlich noch verrät, das ist, daß Schopenhauer in diesem Buch von der Platonischen Idee zur Kunst fortschreitet. In der Tat enthält es Schopenhauers Ästhetik.

Zu fragen ist jetzt zuerst einmal: Welches Problem seiner Philosophie geht Schopenhauer an, indem er die „Platonische Idee" in seine Philosophie einführt? Die Welt der Vorstellung war bislang, wie soeben noch einmal akzentuiert, als Welt des Einzelnen und Vielen Thema der Untersuchung. Dennoch war mehrfach schon Allgemeines begegnet, und zwar Allgemeines von hoher Allgemeinheitsstufe, nämlich die Stufungen der Erscheinungen: leblose (unorganische) Natur, Pflanzen, Tiere, Menschen. Solches Allgemeine, das wir doch ohne Zweifel *vorstellen,* kann vom principium individuationis und vom Satz vom Grund her nicht begreiflich gemacht werden. Und dasselbe gilt von Allgemeinem niedrigerer Allgemeinheitsstufen, von Gattungen und Arten, z. B. von der Gattung „Säugetier" und der Art „Hund". Wie sind also solche Vorstellungen möglich? Auch Kant hatte dieses Problem. Er löste es in der *Kritik der Urteilskraft* durch ein Prinzip unserer Urteilskraft – durch eine Annahme, die wir, die Erkennenden, machen. Es ist die Annahme, daß die Natur in ihrer anscheinend unübersehbaren Mannigfaltigkeit zweckmäßig ist für unser Erkenntnisvermögen und uns erlaubt, Allgemeines zu erfassen. Bei Kant beinhaltet diese Annahme: Wir sehen die Natur so an, als ob ein übermenschlicher Verstand sie so eingerichtet hätte, daß wir nicht in der Fülle des Einzelnen ertrinken, vielmehr systematische Naturerkenntnis zustande bringen können. Schopenhauer, wie gesagt, geht nicht diesen Weg Kants. Er belebt statt dessen die Platonischen Ideen wieder, um das bezeichnete Problem zu lösen. Nur dieser Weg, nicht der Kantische, gab ihm die Möglichkeit, auch das Allgemeine im Sinne der Arten, Gattungen und Seinsstufungen als Objektivation des Willens zum Leben zu denken.

An dieser Stelle dürften ein paar Worte zu Platons Ideen angezeigt sein. Vor allem muß man klar sehen, daß es sich bei Platons Ideen primär um Seiendes handelt und erst sekundär um etwas, das unsere Vernunft denkt, ,vorstellt'. Platon unterscheidet zwei Arten des Seienden: die Sinnendinge und die Ideen. Beide Seinsarten sind einander in allem entgegengesetzt. Die Sinnendinge, kommen vor als viele, einander mehr oder weniger ähnliche, z. B. viele Pferde, viele Steine, viele Flüsse. Die jeweils entsprechende Idee ist dagegen stets nur *eine: die* Idee des Pferdes, *die* Idee des Steines usw. Ferner: Die Sinnendinge haben auch *in sich* eine Vielheit – von Teilen nämlich; sie sind aus Teilen zusammengesetzt. Die Ideen hingegen sind einfach, unzusammengesetzt. Die Sinnendinge, weil zusammengesetzt, verändern sich und lösen sich schließlich in Teile auf, vergehen also. Die Ideen demgegenüber, weil unzusammengesetzt, verändern sich nie und vergehen nie. Sie sind stets sich selbst gleich, und sie sind unvergänglich, ewig. Die Sinnendinge sind sichtbar – im weitesten Sinn; sie sind wahrnehmbar, den Sinnen vernehmbar. Die Ideen sind unsichtbar, können nicht wahrgenommen werden; sie können nur im Denken vernommen werden. Und während die Sinnendinge, veränderlich wie sie sind, sich immer wieder anders zeigen, bieten die Ideen stets denselben Anblick und sind daher das eigentlich Wißbare. Diese beiden Seinsarten bilden bei Platon durchaus zwei Seinsbereiche, zwei Welten: die sinnliche Welt und die übersinnliche Welt (die miteinander zu vermitteln Platon sich angelegen sein läßt). Diese Zweiheit begründet die Gestalt der abendländischen Philosophie als Metaphysik, die eine reiche Geschichte gehabt hat, bis dann Marx und vor allem Nietzsche gegen sie aufgestanden sind.

Hier geht es jetzt um Schopenhauers Anknüpfung an Platon, durch die er das Problem des Allgemeinen, wie es sich innerhalb *seiner* Philosophie stellt, zu lösen sucht. Schopenhauer sagt in § 30, vom 2. zum 3. Buch überleitend: „Wir erinnern uns […], daß solche Objektivation des Willens viele, aber bestimmte Stufen hatte, auf welchen, mit gradweise steigender Deutlichkeit und Vollendung, das Wesen des Willens in die Vorstellung trat, d. h. sich als Objekt darstellte. In diesen Stufen erkannten wir schon dort Plato's Ideen wieder, sofern nämlich jene Stufen eben die bestimmten Species, oder die ursprünglichen, nicht wechselnden Formen und Eigenschaften aller natürlichen, sowohl unorganischen, als organischen Körper, wie auch die nach Naturgesetzen sich offenbarenden allgemeinen Kräfte sind" (1, 221). Diese Stelle dürfte ohne weiteres verständlich sein. Hervorzuheben ist aber, daß Schopenhauer hier, in der 2. Betrachtung der Welt als *Vorstellung*, vom *Willen* her denkt. Die Ideen *sind* bei Schopenhauer unsere Vorstellungen; jedoch sind sie ebensosehr Objektivationen des Willens zum Leben und als solche real. Schopenhauer fährt in § 30, den urplatonischen Gegensatz von Vorbild (oder Muster) und Nachbild (oder Abbild) aufnehmend, fort: „Diese Ideen also insgesammt stellen sich in unzähligen Individuen und Einzelheiten dar, als deren Vorbild sie sich zu diesen ihren Nachbildern verhalten. Die Vielheit solcher Individuen ist durch Zeit und Raum, das Entstehn und Vergehn derselben durch Kausalität allein vorstellbar […]. Die Idee hingegen geht in jenes Princip nicht ein: daher ihr weder Vielheit noch Wechsel zukommt. Während die Individuen, in denen sie sich darstellt, unzählige sind und unaufhaltsam werden und vergehn, bleibt sie unverändert als die eine und selbe stehn, und der Satz vom Grunde hat für sie keine Bedeutung" (ebd.). Schopenhauers Nähe zu Platons Ideenlehre ist hier offenkundig. Was aber natürlich für Platon ein undenkbarer Gedanke gewesen wäre, das ist Schopenhauers These, die Ideen seien Objektivationen des Willens zum Leben.

Die Ideen haben bei Schopenhauer einen Seinsstatus zwischen Ding an sich und individuellen Erscheinungen. In § 32 zieht Schopenhauer eine scharfe gedankliche Trennungslinie zwischen Idee und Ding an sich: „Idee und Ding an sich [sind] nicht schlechthin Eines und das Selbe: vielmehr ist uns die Idee nur die unmittelbare und daher adäquate Objektität des Dinges an sich, welches selbst aber der *Wille* ist, der Wille, sofern er noch nicht objektivirt, noch nicht Vorstellung geworden ist" (1, 227). Das Ding an sich ist, wie längst bekannt, Wille – Wille zum Leben. Dieser Wille will seine eigene Objektivation, will erscheinen. Er erscheint in Raum und Zeit. Aber *dies* Erscheinen geschieht gewissermaßen durch ein anderes, unmittelbareres Erscheinen hindurch. Das unmittelbarere Erscheinen des Willens sind die Ideen. Das macht aber nur einen Sinn, wenn man die Ideen willenhaft versteht (was, wie gesagt, bei Platon unmöglich wäre). Schopenhauer versteht sie so. Ausdrücklich bezeichnet er sie als Willensakte. Sie sind nach seiner Auffassung die ursprünglichsten und einfachen Willensakte des Dinges an sich. Und sie unterscheiden sich als *Grade* seines Wollens. In der Gattung der Pflanze tritt der Wille wollender aus sich heraus als in der Gattung des Unorganischen; in der Gattung Tier wollender als in der Gattung Pflanze. Und innerhalb der Gattung Tier gilt Entsprechendes noch einmal für die niedrigeren und höheren Arten. Am wollendsten tritt der Wille in der Menschengattung hervor. Schopenhauer sagt in § 28: „Wir können [...] diese verschiedenen Ideen als einzelne und an sich einfache Willensakte betrachten, in denen sein Wesen sich mehr oder weniger ausdrückt: die Individuen aber sind wieder Erscheinungen der Ideen, also jener Akte, in Zeit und Raum und Vielheit" (1, 207).

Vielleicht besteht eine Schwierigkeit, mit der Vielheit der Ideen und der Vielheit der Individuen zurechtzukommen. Das läßt sich klären. Wo Schopenhauer vom principium individuationis spricht, hat er immer Raum und Zeit im Blick. Das durch dieses Prinzip Individuierte ist das Viele im Nacheinander der Zeit und im Nebeneinander des Raumes. Und da kann es eben viele Exemplare einer Art geben: viele Buchen, viele Rehe usw. Die Arten selbst aber, als Ideen, sind je *eine*. Sie unterscheiden sich voneinander allein durch ihr Wesen, *vor* aller Differenzierung durch das principium individuationis.

Schopenhauer steht nicht an, die Ideen die „eigentliche Realität" zu nennen, und die Natur steht ihm dafür ein: „die Gattung allein ist es, woran der Natur gelegen ist, und auf deren Erhaltung sie mit allem Ernst dringt, indem sie für dieselbe verschwenderisch sorgt, durch die ungeheure Ueberzahl der Keime und die große Macht des Befruchtungstriebes. Hingegen hat das Individuum für sie keinen Werth [...]; daher sie stets bereit ist, das Individuum fallen zu lassen [...]. Ganz naiv spricht hiedurch die Natur selbst die große Wahrheit aus, daß nur die Ideen, nicht die Individuen eigentliche Realität haben, d. h. vollkommene Objektität des Willens sind" (2, 349).

Die Ideen wurden hier bisher mit Schopenhauer vom Willen her gedacht. Sie sind aber gerade auch Vorstellung. Sie haben, wie die Erscheinungen in Raum und Zeit, diesen Doppelcharakter: *Willens*objektivation *und Vorstellung* (Erscheinung des Dinges an sich unter subjektiver Erkenntnisbedingung des Menschen) zu sein. Die Erkenntnisbedingungen, die das principium individuationis und der Satz vom Grund umschreiben, entfallen freilich bei den Ideen. Aber eine Erkenntnisbedingung bleibt übrig: das „Zerfallen in Objekt und Subjekt". Dazu sagt Schopenhauer: „Die Platonische Idee [...] ist nothwendig Objekt, ein Erkanntes, eine Vorstellung, und eben dadurch, aber auch nur dadurch, vom Ding an sich verschieden. Sie hat bloß die untergeordneten Formen der Erscheinung, welche alle wir unter dem Satz vom Grunde begreifen, abgelegt, oder vielmehr ist noch nicht in sie eingegangen; aber die erste und allgemeinste Form hat sie beibehalten, die der Vorstellung überhaupt, des Objektseyns für ein Subjekt" (1, 228). Weil bei der Idee nur eine einzige Erkenntnisbedingung bestimmend ist, deshalb ist „sie allein die möglichst *adäquate Ob-*

jektität des Willens oder Dinges an sich, ist selbst das ganze Ding an sich, nur unter der Form der Vorstellung" (ebd.). Daß die Objektivation des Willens bei den Ideen nicht stehenbleibt, das führt Schopenhauer (in der von der Vorstellung ausgehenden Perspektive) auf unsere Leiblichkeit zurück: „Wir würden in der That, wenn es erlaubt ist, aus einer unmöglichen Voraussetzung zu folgern, gar nicht mehr einzelne Dinge, noch Begebenheiten, noch Wechsel, noch Vielheit erkennen, sondern nur Ideen, nur die Stufenleiter der Objektivation jenes einen Willens, des wahren Dinges an sich, in reiner ungetrübter Erkenntniß auffassen, [...] wenn wir nicht, als Subjekt des Erkennens, zugleich Individuen wären, d. h. unsere Anschauung nicht vermittelt wäre durch einen Leib, von dessen Affektionen sie ausgeht, und welcher [...] die Zeit und alle andern Formen, die jener Satz [der Satz vom Grund] ausdrückt, schon voraussetzt und dadurch einführt" (1, 228 f.). Der Leib macht aus uns Menschen Individuen in Raum und Zeit und in kausaler Verflechtung mit anderen Außendingen. Er gibt uns mittels der Sinne Kunde von dem, was uns – uns als leibliche Wesen – umgibt. Und deshalb stellen wir nicht nur Ideen, sondern eben (vor allem und zumeist) die zahllosen Einzelerscheinungen vor.

Schopenhauer folgt Platon, wenn er die Ideenerkenntnis als rein, ungetrübt auffaßt. Bei ihm ist sie (von den Formen des principium individuationis und Satzes vom Grund) ungetrübte Erkenntnis der Objektivationsstufen des Willens an sich. Die Ideenerkenntnis ist aber nicht nur ungetrübter als unser übliches Erkennen. Sie unterscheidet sich nach Schopenhauer von ihm auch noch in einem anderen, für Schopenhauers Philosophie bedeutsamen Punkt. Nicht nur sind wir bei der Ideenerkenntnis der Sphäre der Individuen auf seiten der *Objekte* überhoben. Sondern *wir selbst*, die Erkennenden, sind nach Schopenhauer beim Erkennen von Ideen nicht mehr Individuen. Er argumentiert: „der Satz vom Grunde hat für sie [die Idee] keine Bedeutung. Da dieser nun aber die Form ist, unter der alle Erkenntniß des Subjekts steht, sofern dieses als *Individuum* erkennt; so werden die Ideen auch ganz außerhalb der Erkenntnißsphäre desselben als solchen liegen. Wenn daher die Ideen Objekt der Erkenntniß werden sollen; so wird dies nur unter Aufhebung der Individualität im erkennenden Subjekt geschehn können" (1, 221 f.). Aufhebung der Individualität, das bedeutet aber bei Schopenhauer (was erst noch darzulegen ist): Erlösung – Erlösung vom Leben, vom Drängen des eigenen Wollens, von allen Leiden, die mit diesem Wollen zusammenhängen. Die Ideenerkenntnis beruhigt das Wollen des erkennenden Individuums; sie hebt das Individuum über sich selbst hinaus. Das tut sie als *Kontemplation*.

Am Anfang von § 33 sagt Schopenhauer noch einmal mit großer Klarheit: „Da wir nun also als Individuen keine andere Erkenntniß haben, als die dem Satz vom Grunde unterworfen ist, diese Form aber die Erkenntniß der Ideen ausschließt; so ist gewiß, daß wenn es möglich ist, daß wir uns von der Erkenntniß einzelner Dinge zu der der Ideen erheben, solches nur geschehn kann dadurch, daß im Subjekt eine Veränderung vorgeht, welche jenem großen Wechsel der ganzen Art des Objekts entsprechend und analog ist, und vermöge welcher das Subjekt, sofern es eine Idee erkennt, nicht mehr Individuum ist" (1, 229). Ein großer Wechsel findet in uns selbst bzw. mit uns selbst statt, wenn wir Ideen erkennen: der Wechsel vom erkennenden Individuum in einen Zustand, in dem wir nicht mehr Individuum sind. Diesen Wechsel beschreibt Schopenhauer am Beginn von § 34 so: „Der […] mögliche, aber nur als Ausnahme zu betrachtende Uebergang von der gemeinen Erkenntniß einzelner Dinge zur Erkenntniß der Idee geschieht plötzlich, indem die Erkenntniß sich vom Dienste des Willens losreißt, eben dadurch das Subjekt aufhört ein bloß individuelles zu seyn und jetzt reines, willenloses Subjekt der Erkenntniß ist, welches […] in fester Kontemplation des dargebotenen Objekts, außer seinem Zusammenhange mit irgend andern, ruht und darin aufgeht" (1, 231). Der Stelle ist zu entnehmen: Der Erkenntniszustand der Kontemplation ist uns nur als Ausnahmezustand möglich. Wir können uns in ihm nicht lange halten. Denn der Leib und das in ihm sich objektivierende Wollen fordert uns wieder ein, zwingt uns zurück in einen Zustand, in dem wir – erkennend und handelnd – am einzelnen interessiert sein müssen. Wer sich überhaupt zur Ideenerkenntnis erhebt, gelangt in ihr zeitweilig auf eine Insel der Ruhe. Ruhiggestellt ist sein Begehren. Interesselos in diesem Sinn, vermag er aufzugehen in seinem Objekt, weilt er unbewegt im Schauen des (jeweils) *einen* Objekts. Das Hin- und Hergehen des Geistes, das wir sonst beim Erkennen vollziehen (etwa zwischen Ursachen und Wirkungen), liegt hinter uns. Willenlos und auf eines konzentriert, weilen wir in reinem Schauen. Die Erkenntnis ist nicht mehr im Dienst des Willens, hat sich aus diesem Dienst vielmehr losgerissen. Schopenhauer erwähnt, dies sei ein plötzlicher Vorgang. Anderwärts sagt er, wie dieser Vorgang zustande kommt: Wir gelangen in die erforderliche „rein objektive Gemüthsstimmung durch entgegenkommende Objekte, durch die zu ihrem Anschauen einladende, ja sich aufdringende Fülle der schönen Natur. Ihr gelingt es, so oft sie mit einem Male unserm Blicke sich aufthut, fast immer, uns, wenn auch nur auf Augenblicke, der Subjektivität, dem Sklavendienste des Willens zu entreißen und in den Zustand des reinen Erkennens zu versetzen" (1, 254). Diese Äußerung stimmt auch mit einem Gedanken zusammen, der in dem vorangegangenen Zitat enthalten war: Die Versenkung ins Schauen des Wesens findet nach Schopenhauer durchaus an sichtbaren, in der Natur gegebenen Dingen statt.

Das Eigentümliche der Kontemplation wird von Schopenhauer noch eindringlicher vor Augen geführt: „Wenn man, durch die Kraft des Geistes gehoben, die gewöhnliche Betrachtungsart der Dinge fahren läßt, aufhört, nur ihren Relationen zu einander, deren letztes Ziel immer die Relation zum eigenen Willen ist, [...]

nachzugehn, also nicht mehr das Wo, das Wann, das Warum und das Wozu an den Dingen betrachtet; sondern einzig und allein das *Was*; auch nicht das abstrakte Denken, die Begriffe der Vernunft, das Bewußtseyn einnehmen läßt; sondern, statt alles diesen, die ganze Macht seines Geistes der Anschauung hingiebt, sich ganz in diese versenkt und das ganze Bewußtseyn ausfüllen läßt durch die ruhige Kontemplation des gerade gegenwärtigen natürlichen Gegenstandes, sei es eine Landschaft, ein Baum, ein Fels, ein Gebäude oder was auch immer; indem man [...] sich gänzlich in diesen Gegenstand *verliert,* d. h. eben sein Individuum, seinen Willen, vergißt und nur noch als reines Subjekt, als klarer Spiegel des Objekts bestehend [sic] bleibt [...]: dann ist, was also erkannt wird, [...] die *Idee,* die ewige Form, die unmittelbare Objektität des Willens auf dieser Stufe: und eben dadurch ist zugleich der in dieser Anschauung Begriffene nicht mehr Individuum [...]: sondern er ist *reines,* willenloses, schmerzloses, zeitloses *Subjekt der Erkenntniß*" (1, 231 f.). Unsere „gewöhnliche Betrachtungsart der Dinge" sieht die Dinge in ihren Relationen zueinander: in räumlichen und zeitlichen Relationen, in kausalen Relationen, in Zweck-Mittel-Relationen. Sie fragt allenthalben: Wo? Wann? Warum? Wozu? Diese Relationen interessieren aber alle nur, weil wir selbst mit unserem Wollen der eigentliche Bezugspunkt für sie sind. Wir haben als Wollende an ihnen ein Interesse. Und deshalb ist diese unsere Betrachtungsart stets (mehr oder weniger ausdrücklich und bewußt) *interessiert.* Die Kontemplation dagegen ist eine Betrachtungsart, die von allen derartigen Verhältnissen absieht, sich aus ihnen herausgelöst hat. Sie ist in diesem Sinn interesselos, ohne Begehren, ruhig. Ja, Schopenhauer fügt in für seine Position charakteristischer Weise hinzu: Sie ist schmerzlos. Sie erlöst – vorübergehend, nämlich solange jemand sich in ihr zu halten vermag – vom Leiden. Ihr geht es nur um das *Was,* als ein jeweils Eines, als eine *ewige Form* – etwa die ewige Form Pflanze. Allerdings erreicht die Kontemplation eine noch höhere Stufe, wenn sie nicht im jeweiligen Akt des Anschauens *einer* Idee verharrt, sondern sich den *Stufenbau* der Ideen (der ursprünglichen und einfachen Willensakte des Dinges an sich) zur Anschauung bringt. Dann „ersteht" die „eigentliche Welt als Vorstellung" (1, 234).

Das erkennende Subjekt verliert sich in das Anschauen der Idee, versenkt sich in seinen Gegenstand. Schopenhauer sagt dazu, daß man hier „nicht mehr den Anschauenden von der Anschauung trennen kann, sondern Beide Eines geworden sind, indem das ganze Bewußtseyn von einem einzigen anschaulichen Bilde gänzlich gefüllt und eingenommen ist" (1, 232). Andererseits hieß es früher, daß sehr wohl bei der Ideenerkenntnis, der Kontemplation, *eine* subjektive Erkenntnisbedingung noch bestimmend ist, nämlich gerade die Differenz von Subjekt und Objekt. Das darf nicht preisgegeben werden. Es ist deshalb zu präzisieren: Die Ideen sind und bleiben Objekt. Die Versenkung in das Objekt (z. B. in die Idee des Baumes) setzt die vorgängige Unterscheidung von Subjekt und Objekt voraus, überwindet sie aber, indem das Subjekt „im angeschauten Gegenstand ganz aufgeht" (1, 233).

Schopenhauer setzt noch einen Akzent, der nicht übersehen werden sollte. Er erklärt, daß in der Kontemplation der Wille (das Ding an sich) sich selbst erkennt. Die Idee, das Objekt der Kontemplation, ist ja adäquate und ursprüngliche Willenserscheinung. Die hier von Schopenhauer behauptete Selbsterkenntnis des Willens ist in Beziehung zu setzen zu der Selbsterkenntnis des Willens, von der früher die Rede war. Auch in den *individuellen* Erscheinungen, vom Leblosen bis hin zum menschlichen Individuum, ,erkennt' sich der Wille. Die adäquate Selbsterkenntnis gewinnt der Wille aber in der *Kontemplation* des Menschen; in ihr begegnet er seinem Erscheinen, wie er es in seinen ursprünglichen, zeitlosen, ewigen Willensakten vollzieht.

Schopenhauers Kunstauffassung

Es hatte sich im vorigen Abschnitt gezeigt: Im Vollzug der Ideenschau ist das Subjekt nach Schopenhauer nicht mehr Individuum. Es überschreitet seine Leibgebundenheit. Es löst sein Erkennen ab vom Dienst an seinem Willen. Die Kontemplation ist ein Zustand des Subjekts, in dem es interesselos ist. Sie ist ein ruhiges Verweilen beim Gegenstand. Hier denkt Schopenhauer weiter: Er bestimmt die „Erkenntnißart" (1, 239), in der solche Kontemplation ihre höchste Gestalt erreicht. Man erwartet vielleicht, daß das die Philosophie ist, und diese Erwartung könnte aus der Anknüpfung Schopenhauers an Platon entsprungen sein. Aber: Es ist nicht die Philosophie, sondern die Kunst, in der die Kontemplation nach Schopenhauers Auffassung ihre höchste Gestalt hat: „die *Kunst*, das Werk des Genius […] wiederholt die durch reine Kontemplation aufgefaßten ewigen Ideen, das Wesentliche und Bleibende aller Erscheinungen der Welt, und je nachdem der Stoff ist, in welchem sie wiederholt, ist sie bildende Kunst, Poesie oder Musik" (ebd.). Die Musik hätte Schopenhauer an dieser Stelle lieber nicht nennen sollen, denn sie hat gegenüber den anderen Künsten nach seiner Überzeugung eine Sonderstellung, gerade weil *sie keine* Ideen ausdrückt. Deshalb ist auch an dem Satz, mit dem Schopenhauer an der zitierten Stelle fortfährt, ein entsprechender Abstrich zu machen: „Ihr [der Kunst] einziger Ursprung ist die Erkenntniß der Ideen; ihr einziges Ziel Mittheilung dieser Erkenntniß" (ebd.).

Der Künstler ist in ausgezeichnetem Grade der Kontemplation fähig, *und* er vermag die erkannten Ideen *mitzuteilen*. Er teilt sie mit, indem er sie in einem Stoff ‚wiederholt', nachbildet. Schopenhauer verdeutlicht diesen Punkt noch etwas, indem er sagt, die Fähigkeit der Kontemplation müsse „in geringerem und verschiedenem Grade […] *allen* Menschen einwohnen; da sie sonst eben so wenig fähig wären die Werke der Kunst zu genießen, als sie hervorzubringen [...]. Wir müssen daher in allen Menschen, wenn es nicht etwan welche giebt, die durchaus keines ästhetischen Wohlgefallens fähig sind, jenes Vermögen [,] in den Dingen ihre Ideen zu erkennen, [...] als vorhanden annehmen. Der Genius hat vor ihnen nur den viel höhern Grad und die anhaltendere Dauer jener Erkenntnißweise voraus, welche ihn bei derselben die Besonnenheit behalten lassen, die erfordert ist, um das so Erkannte in einem willkürlichen Werk zu wiederholen, welche Wiederholung das Kunstwerk ist" (1, 250 f.). Schopenhauer begreift die Kontemplation, das Anschauen der Idee beim sinnlichen Gegenwärtighaben eines Naturdings, als ein künstlerisches oder vor-künstlerisches Verhalten. Und die Fähigkeit dazu schreibt er allen (oder jedenfalls fast allen) Menschen zu, wenn sie auch in verschiedenem Grade bei ihnen ausgebildet ist. Der Künstler hat diese Fähigkeit in höchstem Grad. Zugleich versenkt er sich in das Geschaute aber nur so weit, daß es ihm möglich bleibt, es in einem Werk aus seinem Geist herauszusetzen und so anderen Menschen mitzuteilen. Dazu bedient er sich als Stoff des schweren Materials des Steins, Holzes, Erzes, oder aber der Farben oder der Sprache.

Schopenhauer handelt im 3. Buch ausführlich von den Künsten. Dann aber, in § 52, erklärt er, daß und warum die Musik bis dahin ausgeklammert geblieben ist. „Sie steht ganz abgesondert von allen andern. Wir erkennen in ihr nicht die Nachbildung, Wiederholung irgend einer Idee der Wesen in der Welt: dennoch ist sie eine [...] große und überaus herrliche Kunst" (1, 322). Sie ist „keineswegs, gleich den andern Künsten, das Abbild der Ideen, sondern *Abbild des Willens selbst*" (1, 324). Alle anderen Künste „objektiviren [...] den Willen nur mittelbar, nämlich mittelst der Ideen" (1, 323). Die Musik ist „*unmittelbare* Objektivation und Abbild des ganzen *Willens*" (1, 324). Als solche ist sie ‚unendlich wahr', ‚richtig treffend' und wird sie „von Jedem augenblicklich verstanden" (1, 322). Man muß sich, um Schopenhauer hier voll zu begreifen, daran erinnern, daß er die Affekte als Affektionen des Willens auffaßt, daß Freude, Trauer usw. dem *Willen* eigen sind. Die Musik ist ,unmittelbare Objektivation' des so verstandenen ,ganzen Willens'. Genauer gesagt: „Sie drückt [...] nicht diese oder jene einzelne und bestimmte Freude, diese oder jene Betrübniß, oder Schmerz, oder Entsetzen, oder Jubel, oder Lustigkeit, oder Gemüthsruhe aus; sondern *die* Freude, *die* Betrübniß, *den* Schmerz, *das* Entsetzen, *den* Jubel, *die* Lustigkeit, *die* Gemüthsruhe *selbst*, gewissermaßen *in abstracto*, das Wesentliche derselben, ohne alles Beiwerk, also auch ohne die Motive dazu. Dennoch verstehn wir sie, in dieser abgezogenen Quintessenz vollkommen" (1, 328). Wichtig ist hier, daß die Musik „alle Regungen unseres innersten Wesens wiedergiebt, aber ganz ohne die Wirklichkeit und fern von ihrer Quaal"; darauf beruht das „unaussprechlich Innige aller Musik, vermöge dessen sie als ein so ganz vertrautes und doch ewig fernes Paradies an uns vorüberzieht" (1, 331).

Schopenhauer gibt der Musik einen Rang unter den Künsten, den sie in der philosophischen Ästhetik vor ihm nicht hatte. Weil die Musik, im Gegensatz zu den anderen Künsten, *„Abbild des Willen selbst"* ist, „deshalb eben ist die Wirkung der Musik so sehr viel mächtiger und eindringlicher, als die der andern Künste: denn diese reden nur vom Schatten, sie aber vom Wesen" (1, 324).

Bejahung des Willens zum Leben

Nun ist zum 4. Buch zurückzukehren, aus dem bisher erst wenig, nämlich die Grundbestimmung des Willens zum Leben, thematisiert worden ist. Dieses Buch hat die Überschrift: *„Der Welt als Wille zweite Betrachtung:* Bei erreichter Selbsterkenntniß Bejahung und Verneinung des Willens zum Leben." Es ist vielleicht das wichtigste Buch des ganzen Werks. Jedenfalls kommt Schopenhauers Untersuchung mit der Verneinung des Willens zum Leben in ihr – für Schopenhauers Philosophie so charakteristisches – Ziel. Zugleich ist dies der gedankliche Umkreis, in dem sich Schopenhauers tiefe Verbundenheit mit altindischer Weisheit besonders auswirkt. An derselben, früher zitierten Stelle, an der Schopenhauer Kant und Platon als für sein Werk wichtig erklärt und dem Leser empfiehlt, hält er es für günstig, wenn sein Leser „auch schon die Weihe uralter Indischer Weisheit empfangen" hat (1, 11). Günstig ist das eben vor allem für das Studium des 4. Buches von *Die Welt als Wille und Vorstellung*. – Schopenhauer nennt dies Buch auch ein ‚ethisches Buch', schärft aber sofort schon ein, daß es „keine Vorschriften, keine Pflichtenlehre" enthalten werde (2, 344).

Es wurde im voraufgegangenen schon durchdacht: Der Wille, das Ding an sich, will Leben, will die Erscheinung, will die sichtbare Welt. Die sichtbare Welt ist Spiegel des Willens, ja sie ist dem Willen Spiegel seines Wollens. Nun ist Schopenhauers Weg weiter zu verfolgen.

Wenn das Ding an sich – das eine, allem zugrundeliegende Sein – Wille zum Leben ist, dann läßt sich sagen: „Dem Willen zum Leben ist […] das Leben gewiß" (2, 347 f.). Etwas ausführlicher formuliert, besagt das: „Da der Wille das Ding an sich, der innere Gehalt, das Wesentliche der Welt ist; […] so wird diese den Willen so unzertrennlich begleiten, wie den Körper sein Schatten: und wenn Wille daist, wird auch Leben, Welt daseyn" (2, 347).

Schopenhauer zieht daraus eine Konsequenz für den Menschen: Wer sein Leben bejaht und deshalb den Tod bzw. ein Nichtmehrsein nach dem Tod verneint, kann ohne Sorge und Furcht sein. Auch ihm ist „das Leben gewiß". In welchem Sinn ist es das? Was am Menschen vergeht im Tod, und was nicht? Genau das vergeht, was auch (bei der Geburt) entsteht: das Individuum – als jetzt und hier lebend, in diese kausalen Zusammenhänge und keine anderen verflochten, in dieser Umgebung und mit diesen anderen Menschen lebend. Aber: „das Individuum ist nur Erscheinung, ist nur da für die im Satz vom Grunde, dem *principio individuationis,* befangene Erkenntniß: für diese freilich empfängt es sein Leben wie ein Geschenk, geht aus dem Nichts hervor, leidet dann durch den Tod den Verlust jenes Geschenks und geht ins Nichts zurück" (2, 348). Dieser Standpunkt ist aber eben nicht der wahre; hier ist die Wahrheit hinter dem Schleier der Maja verborgen. Schopenhauer glaubt, mit seinem philosophischen Grundansatz diesen Schleier zerrissen zu haben. Wenn wir „philosophisch" denken, sagt er, dann „werden wir finden, daß weder der Wille, das Ding an sich in allen Erscheinungen, noch das Subjekt des Erkennens, der Zuschauer aller Erscheinungen, von Geburt und Tod irgend berührt werden" (ebd.). Das bedeutet: Was in jedem von uns Ding an sich, Wille, ist, das wird im Tod nicht untergehen, ja wird gar nicht von ihm berührt. Und auch, was in jedem von uns Erkenntnis vollzieht, das Subjekt des Erkennens in diesem Sinne, bleibt im Tod unversehrt. Genau genommen, läßt sich das so verstandene Subjekt des Erkennens vom Willen in uns gar nicht trennen. Schopenhauer sagt, das Subjekt der Erkenntnis sei „zuletzt doch in gewissem Betracht" der Wille (das Ding an sich) „selbst oder seine Aeußerung" (2, 353). Dem Menschen wird also von Schopenhauer – so wie allem Lebendigen – Unsterblichkeit zugesprochen, jedoch nicht Unsterblichkeit als Individuum. Als ein *anderes* Individuum tritt das im Tod freigewordene Ding an sich wieder in die Erscheinungswelt ein, und das notwendig.

Das gilt unter der Voraussetzung der Bejahung des Willens zum Leben; es gilt, anders formuliert, solange der Wille zum Leben ungebrochen ist. Wer *leben will,* wird *immer* leben. Solange er leben will, wird er jeden Tod überleben, wird er nach jedem Tod in einen neuen Leib eintreten und als neues Individuum in der Erscheinungswelt seine Stelle einnehmen. Noch ist freilich nicht zu sehen, wie es innerhalb von Schopenhauers philosophischem

Grundansatz möglich sein soll, *nicht* leben zu wollen – wenn doch *das* Ding an sich Wille *zum Leben* ist.

Wer leben will, wird wiedergeboren, und zwar immer wieder. Was ist aber dann der Tod, in dem das Individuum untergeht? Der Tod ist – bei allem Lebendigen – nur die äußerste Steigerung eines Vorgangs, der sich im Lebensvollzug bzw. als Lebensvollzug ständig abspielt. Schopenhauer sagt vom Leben der Pflanzen und von dem der Tiere (zu denen auch der Mensch als leibliches Wesen gehört): „Dieses [...] ist durch und durch nichts Anderes, als ein steter Wechsel der Materie, unter dem festen Beharren der Form" (2, 350). Dieser Wechsel der Materie geschieht als Aneignung von Materie im Ernährungsprozeß und als Abwerfen verbrauchter Materie. In diesem Prozeß bewahrt ein Lebendiges seine Form; es bleibt Buche oder Reh. Und was ist, von hier aus betrachtet, der Tod? Zum Lebensvollzug, wie gesagt, gehört „Exkretion, das stete Aushauchen und Abwerfen von Materie" – der Tod ist *dasselbe* „in erhöhter Potenz" (ebd.). Was ist aber im Tod mit dem, das da die Materie gänzlich abgeworfen hat? Was ist mit dem, das dabei übrigbleibt? Dazu liest man bei Schopenhauer: „Der Tod ist ein Schlaf, in welchem die Individualität vergessen wird; alles Andere erwacht wieder, oder vielmehr ist wach geblieben" (2, 351). Wichtig ist hier, daß im Tod die Individualität vergessen wird, so daß ein wiedergeborenes Wesen sich an frühere Existenzen, an frühere Erscheinungen seiner selbst, nicht erinnern kann. Und wichtig ist auch, daß das, was nicht Individuum ist an einem Wesen, im Tod nicht einmal schläft, vielmehr wach bleibt. Es bleibt wach als Wille zum Leben – und erhält neues Leben.

Deshalb auch hat jemand, der am Leben leidet, vom Tod nichts zu hoffen. Schopenhauer erklärt sich gegen den Selbstmord. Er unterstellt, daß, wer sich zum Selbstmord entschließt, im Grunde einen starken Willen zum Leben hat, das Leben bejaht – daß er aber dieses sein Leben, mit diesen besonderen Lebensumständen, *ebendeshalb* nicht erträgt. Schopenhauer vertritt die Auffassung, daß der Selbstmord eines solchen Menschen sinnlos ist. Was am Menschen unvergänglich ist, wird in einem neuen Individuum wiedergeboren – zu neuer *leidvoller* Existenz, denn: alles Leben ist Leiden. Schopenhauer sagt in diesem Zusammenhang: „wen die Lasten des Lebens drücken, wer zwar wohl das Leben möchte und es bejaht, aber die Quaalen desselben verabscheut, und besonders das harte Loos, das gerade ihm zugefallen ist, nicht länger tragen mag: ein solcher hat nicht vom Tode Befreiung zu hoffen und kann sich nicht durch Selbstmord retten […]. Der Selbstmord erscheint uns also schon hier als eine vergebliche und darum thörichte Handlung" (2, 354 f.). Dies ist allerdings nicht Schopenhauers letztes Wort zum Selbstmord. Wo die Verneinung des Willens zum Leben gelingt, kommt dem Selbstmord eine andere Bedeutung zu. Davon wird zu sprechen sein.

Wer das Leben will, dem ist das Leben gewiß (das Leben als immer wieder anderes Individuum). Schopenhauer begreift diese Gewißheit als im Leben der Menschen untergründig wirksam. Er knüpft an den allbekannten Gedanken an, daß der Mensch das einzige Wesen in der Welt ist, das von seinem Tod weiß, d. h. das wissend auf ihn zugeht und auch weiß, daß sein Tod jeden Augenblick möglich ist. Wie verhält sich aber der Mensch zumeist in diesem Wissen? Schopenhauer sagt dazu: „Der Mensch allein trägt in abstrakten Begriffen die Gewißheit seines Todes mit sich herum: diese kann ihn dennoch, was sehr seltsam ist, nur auf einzelne Augenblicke, wo ein Anlaß sie der Phantasie vergegenwärtigt, ängstigen" (2, 355). Wie kommt das? Warum ängstigt sich der Mensch die meiste Zeit seines Lebens nicht vor dem Tod – obwohl er, wenn der Tod „in der Wirklichkeit, oder auch nur in der Phantasie" an ihn „herantritt" und er ihn „ins Auge fassen muß", „von Todesangst ergriffen" wird (2, 357)? Woher kommt ihm die Sicherheit und Gelassenheit, so daß er nicht stets in der Stimmung eines zum Tode verurteilten Verbrechers ist (vgl. 2, 355)?

Antwort: Weil auch in ihm „die mächtige Stimme der Natur"
spricht – nämlich von der Unvergänglichkeit des Lebens; weil
ihm sein ‚innerstes Bewußtsein' sagt, daß er „die Natur, die Welt
selbst ist" und deshalb nicht zugrunde gehen kann (ebd.). Jeder
‚lebt dahin', „als müsse er ewig leben" (ebd.) – und er hat recht
damit.

Der Tod ist Tod des Individuums, Vergehen der Erscheinung.
Jeder ist als Ding an sich zeitlos und endlos (vgl. 2, 356). Schopenhauer gewinnt dem Tod des Individuums aber noch eine weitere Bedeutung ab: Jeder „ist nur als Erscheinung [...] von den
übrigen Dingen der Welt verschieden, als Ding an sich ist er der
Wille der in Allem erscheint, und der Tod hebt die Täuschung
auf, die sein Bewußtseyn von dem der Uebrigen trennt: dies ist
die Fortdauer" (2, 356). Der Tod hebt eine Täuschung auf: die
Täuschung des Individuums, es sei von allem übrigen verschieden. In Wahrheit, als das, was es an sich ist, ist es mit allem eins –
in der All-Einheit des Willens zum Leben, des Dinges an sich. –
Schopenhauer zieht im 2. Band von *Die Welt als Wille und Vorstellung* von hier aus die Verbindungslinie zu indischem Denken:
„*eine* Religion oder Philosophie [wird] viel mehr, als die andere,
den Menschen befähigen, ruhigen Blickes dem Tod ins Angesicht
zu sehn. Brahmanismus und Buddhaismus, die den Menschen
lehren, sich als das Urwesen selbst, das Brahm, zu betrachten,
welchem alles Entstehn und Vergehn wesentlich fremd ist, werden darin viel mehr leisten, als solche, welche ihn aus nichts
gemacht seyn und seine, von einem Andern empfangene Existenz
wirklich mit der Geburt anfangen lassen. Dem entsprechend finden wir in Indien eine Zuversicht und eine Verachtung des Todes,
von der man in Europa keinen Begriff hat" (4, 543). Diese Stelle
verhilft auch dazu, folgendes noch klarer zu sehen: Die Erörterung über den Tod hat mit der Unvergänglichkeit auch Prä-
existenz in den Blick gerückt. Was anfängt, wenn wir geboren
werden, ist das Individuum. Aber das ist nicht auch Anfang

dessen, was wir an sich sind. An sich waren wir immer schon – in wechselnden Individuen und durch unzählige Tode hindurch. Wir erscheinen aus der All-Einheit des Willens zum Leben und kehren in sie zurück.

Alles Lebende ist Erscheinung des Willens zum Leben, und als solche ist es von einer „gränzenlosen Anhänglichkeit an das Leben […] durchdrungen" (2, 418). Der Mensch darf, in dieser Anhänglichkeit, getrost dem Tod entgegengehen, denn: Wiedergeburt und neues Leben sind ihm ins Endlose gewiß. Die Anhänglichkeit ans Leben und die Zuversicht angesichts des Todes, sosehr sie im Willen zum Leben ihr Fundament haben, haben in Schopenhauers Philosophie allerdings einen paradoxen Aspekt. Sie sind geradezu widervernünftig, wenn denn nach Schopenhauers Überzeugung alles Leben Leiden ist. Wieso zeigt aber, nach Schopenhauer, das Leben den vorherrschenden Anblick des Leidens? Und gibt es – in Schopenhauers Sinn – nicht doch eine angemessenere Einstellung zum Leben als die elementare Anhänglichkeit?

‚Alles Leben ist Leiden'

Schopenhauer erörtert die erste der beiden soeben gestellten Fragen in § 56 und knüpft dort selbst an das 2. Buch an. Dort hatte sich gezeigt, daß „der Wille, auf allen Stufen seiner Erscheinung, von der niedrigsten bis zur höchsten, eines letzten Zieles und Zweckes ganz entbehrt, immer strebt, weil Streben sein alleiniges Wesen ist, dem kein erreichtes Ziel ein Ende macht, das daher keiner endlichen Befriedigung fähig ist" (2, 386). Das bedeutet: Wenn dem Streben kein Hindernis entgegentritt, dann *wird* eine Befriedigung *erlangt*, sobald das Erstrebte erwirkt worden ist. *Aber:* „keine Befriedigung […] ist dauernd, vielmehr ist sie stets nur der Anfangspunkt eines neuen Strebens" (2, 388). Nun gilt nach Schopenhauer: „alles Streben entspringt aus Mangel, aus Unzufriedenheit mit seinem Zustande, ist also Leiden, so lange es nicht befriedigt ist" (ebd.). Jede Befriedigung ist demnach „Anfangspunkt" neuen Leidens. So ergibt sich: „kein letztes Ziel des Strebens, also kein Maaß und Ziel des Leidens" (ebd.).

So zeigt sich die Sachlage nach Schopenhauer schon, wenn man die Hindernisse, mit denen das Streben es zu tun hat, und damit den Vorgang des Strebens, noch beiseite läßt. Es kommt aber hinzu: „Das Streben sehn wir überall vielfach gehemmt, überall kämpfend; so lange also immer als Leiden" (ebd.). In der gesamten Natur sieht Schopenhauer es als gegeben an, daß „Jedes nur besitzt, was es dem Andern entrissen hat, und so ein steter Kampf um Leben und Tod unterhalten wird" (2, 387). Schopenhauer greift den Gedanken von Hobbes auf, der Mensch befinde sich im Naturzustand in einem Krieg aller gegen alle (vgl. 2, 415 f.), und Schopenhauer überträgt den Gedanken auf alle Erscheinungen. Das Leiden am Kampf hat aber auf den verschiedenen Stufen der Erscheinungen sehr verschiedene Grade: Auf der Stufe der Pflanzen fehlt es sogar noch gänzlich, und in den niedrigeren Tierarten ist es gering; denn: „erst mit dem vollkommenen Nervensystem der Wirbelthiere tritt sie [die Sensibilität] in hohem Grade ein, und in immer höherem, je mehr die Intelligenz sich entwickelt. In gleichem Maaße also, wie die Erkenntniß zur Deutlichkeit gelangt, das Bewußtseyn sich steigert, wächst auch die Quaal, welche folglich ihren höchsten Grad im Menschen erreicht" (2, 388). Man sieht daran, daß die hier im Blick stehende Qual, das Leiden, nicht nur physische Ursachen hat und daß es – bei intelligenten Wesen – über die Beeinträchtigung leiblichen Wohlbefindens weit hinausgeht. (Wer durch ein anderes Individuum ein Unrecht an seinem Leib erfährt, empfindet das *auch* als einen „geistigen Schmerz" – 2, 417.) Ganz besonders mit Bezug auf den Menschen formuliert daher Schopenhauer die Grundthese seines Pessimismus, daß „wesentlich *alles Leben Leiden* ist" (2, 389).

Jener Kampf der Erscheinungen gegeneinander hat eine metaphysische Dimension. Die Erscheinungen sind ja Erscheinungen des Willens zum Leben. Und so ist ihr Kampf „ein innerer Widerstreit des Willens zum Leben gegen sich selbst" (2, 414). Weil das so ist, gehören Wille zum Leben und Leiden unlöslich zusammen.

Schopenhauer macht das in § 61 noch klarer, indem er als Grund des Leidens alles Lebendigen den Egoismus aufzeigt. Der Egoismus (im weitesten Sinn) eignet allem Lebendigen, kommt aber im Menschen als selbstbewußtem und intelligentem Wesen auf die Spitze. Warum ist das Wollen aller Individuen primär egoistisch? Jedes Individuum ist eine Erscheinung des Willens an sich. Der Wille an sich erscheint – dank der Formen der Zeit und des Raumes – in unzählig vielen Einzelwesen. Er selbst ist jedoch unteilbar. Deshalb gilt nach Schopenhauer: In jedem Einzelwesen ist der Wille „ganz und ungetheilt vorhanden" (2, 414). Ganz, das meint hier zugleich grenzenlos, ohne Schranke. Und so folgert Schopenhauer: „Daher will Jeder Alles für sich, will Alles besitzen, wenigstens beherrschen, und was sich ihm widersetzt, möchte er vernichten" (ebd.). Bei den erkennenden Individuen kommt noch etwas anderes hinzu, um Egoismus zu begründen: Jedes erkennende Individuum ist Träger der Welt als Vorstellung. Es ist sich nicht nur als „der ganze Wille", sondern auch als das „ganze Vorstellende unmittelbar gegeben" (2, 415). „Aus den angegebenen beiden nothwendigen Bestimmungen erklärt es sich, daß jedes in der gränzenlosen Welt gänzlich verschwindende und zu Nichts verkleinerte Individuum dennoch sich zum Mittelpunkt der Welt macht, seine eigene Existenz und Wohlseyn vor allem Andern berücksichtigt [...]. Diese Gesinnung ist der *Egoismus*" (2, 414 f.). Jedem geht es also wesentlich um sein eigenes Ich. Jeder ist zuhöchst selbstbezüglich, hält sich selbst für das Wichtigste überhaupt, für den Mittelpunkt der Welt. Die eigene Existenz und das eigene Wohlsein läßt er sich vor allem angelegen sein – und wenn anderes oder andere im Wege stehen, kämpft er dagegen.

Es leuchtet unmittelbar ein, daß Schopenhauer, wenn er überhaupt von Moral in einem positiven Sinn sprechen will, auf den von ihm so stark begründeten Egoismus zurückkommen muß. Und er tut es in seiner *Preisschrift über die Grundlage der Moral.* Dort sagt er in § 14: Der Egoismus „ist, im Thiere, wie im Menschen, mit dem innersten Kern und Wesen desselben aufs genaueste verknüpft, ja, eigentlich identisch. Daher entspringen, in der Regel, alle seine Handlungen aus dem Egoismus, und aus diesem zunächst ist allemal die Erklärung einer gegebenen Handlung zu versuchen [...]. Der *Egoismus* ist, seiner Natur nach, gränzenlos: der Mensch will unbedingt sein Daseyn erhalten, will es von Schmerzen, zu denen auch aller Mangel und Entbehrung gehört, unbedingt frei, will die größtmögliche Summe von Wohlseyn [...]. Alles, was sich dem Streben seines Egoismus entgegenstellt, erregt seinen Unwillen, Zorn, Haß; er wird es als seinen Feind zu vernichten suchen" (6, 236). Diese Beschreibung des Egoismus gibt zwar der These, daß alles Leben Leiden ist, weitere Färbung, läßt die Möglichkeit von Moralität aber nur in einer kleinen Wendung ahnen – in der Formulierung, daß „in der Regel" alle Handlungen der Menschen aus dem Egoismus entspringen. Also scheinen Ausnahmen möglich zu sein. Und tatsächlich arbeitet Schopenhauer in dieser Preisschrift drei Grundtriebfedern des menschlichen Handelns heraus. Neben den Egoismus treten als weitere Grundtriebfedern die Bosheit und das Mitleid. Und auf das Mitleid gründet Schopenhauer seine Ethik. Die drei Grundtriebfedern unterscheiden sich darin, was jeweils gewollt wird. Der Egoismus will das *eigene Wohl,* und er ist in diesem Wollen seiner Natur nach grenzenlos. Die Bosheit will das *fremde Weh,* und zwar um des fremden Wehs Willen. Sie nimmt nicht nur fremdes Weh in Kauf, wo es beim Durchsetzen egoistischen Strebens unvermeidbar ist. Ihr kommt es, im Gegensatz zum Egoismus, auf eigenes Wohl gar nicht an, sondern eben statt dessen auf fremdes Weh. Schopenhauer sagt, sie gehe darin bis zur äußersten

Grausamkeit. Das Mitleid schließlich, die einzige Quelle moralischen Handelns bei Schopenhauer, will *fremdes Wohl,* und zwar allein um des fremden Wohls willen. Ein eigener Vorteil soll beim Handeln aus Mitleid nicht herauskommen. Ja, der Mitleidige nimmt durchaus auch eigene Nachteile, eigenes Weh in Kauf – im extremen Fall opfert er sogar sein Leben. Das Mitleid ist auch im 4. Buch von *Die Welt als Wille und Vorstellung* von Bedeutung, nämlich im Zusammenhang mit der Willensverneinung. Das wird hier an späterer Stelle thematisiert.

Es wurde gezeigt, wie Schopenhauer seine These begründet, alles Leben sei Leiden. Er bringt seine pessimistische Weltsicht auf den Punkt, indem er zu Leibniz in Gegensatz tritt. Leibniz dachte die Welt als das Werk eines höchst vollkommenen Schöpfers, der, weil er selbst vollkommen ist, nichts Unvollkommenes schaffen kann. Leibniz stellte sich der Frage der Theodizee, der Rechtfertigung Gottes angesichts des Übels in der Welt, und er fand – nach seiner Überzeugung – befriedigende Antworten. So konnte er sagen, die Welt sei die beste aller möglichen Welten. Schopenhauer polemisiert dagegen im 2. Band von *Die Welt als Wille und Vorstellung,* Kap. 46: „Sogar aber läßt sich den handgreiflich sophistischen Beweisen *Leibnitzens,* daß diese Welt die beste unter den möglichen sei, ernstlich und ehrlich der Beweis entgegenstellen, daß sie die *schlechteste* unter den möglichen sei. Denn Möglich heißt nicht was Einer etwan sich vorphantasiren mag, sondern was wirklich existiren und bestehn kann. Nun ist diese Welt so eingerichtet, wie sie seyn mußte, um mit genauer Noth bestehn zu können: wäre sie aber noch ein wenig schlechter, so könnte sie schon nicht mehr bestehn. Folglich ist eine schlechtere, da sie nicht bestehn könnte, gar nicht möglich, sie selbst also unter den möglichen die schlechteste" (4, 683).

Wenn es aber so steht, daß alles Leben Leiden und die Welt die schlechteste aller möglichen Welten ist, dann zeigt sich, wie schon einmal angedeutet, die Anhänglichkeit an diese Welt als Paradox.

Einerseits scheint sie zwar unumgänglich zu sein, andererseits ist sie ganz widersinnig. Das führt auf die Frage, ob es bei Schopenhauer eine angemessenere Einstellung zum Leben und zur Welt gibt und geben kann als die Bejahung. Davon ist jetzt zu handeln.

Verneinung des Willens zum Leben

Im Titel des 4. Buches heißt es: „Bei erreichter Selbsterkenntniß Bejahung und Verneinung des Willens zum Leben." Selbsterkenntnis des Willens zum Leben hat jemand erreicht, wenn er begriffen hat, daß alles Leben Leiden ist. Dann gibt es die zwei einander entgegengesetzten Möglichkeiten. Es gibt die Möglichkeit, den Willen zum Leben (und damit das eigene Leben und die Welt) dennoch zu bejahen, und das bedeutet: den elementaren Willen zum Leben, als der man selbst ist, auf der Stufe des Selbstbewußtseins zu vollziehen. Und es gibt die andere, vorerst noch unbegreifliche Möglichkeit, den Willen zum Leben zu verneinen und also das eigene Lebensprinzip, das eigene Sein zu verneinen. Diese Möglichkeiten hat nur der Mensch, als einziges selbstbewußtes Wesen. Die Verneinung ist nach Schopenhauer die angemessenere Einstellung zum Leben. Er betont aber, daß er sie nicht zur Vorschrift macht. Er stellt keinen Imperativ der Lebensverneinung auf, begnügt sich vielmehr ausdrücklich damit, sie zu beschreiben und die Wege zu ihr aufzuweisen (vgl. 2, 359).

Auf welchen Wegen ist die Verneinung des Willens zum Leben möglich? Wie kann es dazu kommen, daß ein Mensch, obwohl er Wille zum Leben *ist*, den Willen zum Leben und damit sein eigenes Dasein verneint? Der wichtigste Weg ist der über eine Erkenntnis – über die Erkenntnis, die Schopenhauer bezüglich der Erscheinungen und des Charakters des Lebens artikuliert hat und die nach seiner Auffassung schon in altindischer Weisheit hinterlegt war. Schopenhauer bezeichnet sie als „*Quietiv*, welches alles

Wollen beschwichtigt und aufhebt" (2, 386). Das Wort Quietiv (von lateinisch quies: Ruhe, Frieden) ist eine Gegenbildung zu Motiv – das in Bewegung setzt. Die besagte Erkenntnis kann Quietiv sein, kann das Wollen ,beschwichtigen', ja ,aufheben', kann Ruhe, inneren Frieden herbeiführen helfen. Ob sie Quietiv ist, das liegt in der *Freiheit* eines Menschen. Freiheit bedeutet bei Schopenhauer aber Grund-losigkeit. Alle möglichen Bedeutungen von „Grund" hat er ja – durch *seine* Auslegung des Satzes vom Grund – mit Notwendigkeit zusammengedacht. Man kann deshalb an Schopenhauer nicht die Frage richten, *warum* der eine Mensch jene Erkenntnis zum Quietiv seines Willens nimmt, der andere aber aufgrund derselben Erkenntnis dahin gelangt, die Bejahung des Willens zum Leben mit Selbstbewußtsein und Entschiedenheit zu vollziehen.

Die Erkenntnis, die zum Quietiv des Willens zum Leben werden kann, ist die von Schopenhauer dargelegte Ansicht des Leidens in der Welt, *zusammen mit* dem Durchschauen des principium individuationis, zusammen also mit der Einsicht, daß die Vielheit der Individuen nur Erscheinung ist. Das heißt nämlich, daß in Wahrheit alle Wollenden und Leidenden eins sind. Wer vom Schleier der Maja nicht mehr getäuscht wird, wer das principium individuationis als bloß den Erscheinungen, der Vorstellung zukommend begriffen hat, der hat erkannt, daß der Wille in allen seinen Erscheinungen identisch ist. Das bedeutet aber: „Sich, sein Selbst, seinen Willen erkennt er in jedem Wesen, folglich auch in dem Leidenden" (2, 462), so daß er „auch die endlosen Leiden alles Lebenden als die seinen betrachten und so den Schmerz der ganzen Welt sich zueignen muß. Ihm ist kein Leiden mehr fremd. Alle Quaalen Anderer, die er sieht und so selten zu lindern vermag, alle Quaalen, von denen er mittelbar Kunde hat, ja die er nur als möglich erkennt, wirken auf seinen Geist, wie seine eigenen" (2, 469). Das Leiden ist nun nicht mehr nur das am eigenen Streben und am eigenen Kampf, sondern hat sich ausgedehnt auf alle leidensfähigen Erscheinungen und hat damit einen höchsten Grad erreicht. Und durch dieses Leiden mit allen ist ein Einbruch in den Egoismus erfolgt. Eine aufs äußerste gesteigerte Vorstellung des Leidens ist nicht mehr die eines Ego als solchen. Wer sie hat, „sieht, wohin er auch blickt, die leidende Menschheit und die leidende Thierheit, und eine hinschwindende Welt. Dieses Alles aber liegt ihm jetzt so nahe, wie dem Egoisten nur seine eigene Person" (2, 469). Schopenhauer schließt die Frage an, die ihre Verneinung schon enthält: „Wie sollte er nun, bei solcher Erkenntniß der Welt, eben dieses Leben durch stete Willensakte bejahen und eben dadurch sich ihm immer fester verknüpfen […]?" (ebd.)

Schopenhauer läßt keinen Zweifel daran, daß *diesen* Weg zur Verneinung des Willens zum Leben nur wenige Menschen einschlagen. Er erblickt aber noch einen anderen Weg, der häufiger begangen wird: den Weg im Durchgang durch unmittelbar *selbst,* im *eigenen* Leben erfahrenes großes Leid. Nach ‚wachsender Bedrängnis' und ‚am Rande der Verzweiflung' kann ein Mensch „plötzlich in sich gehn […] und sein ganzes Wesen ändern, […] willig Allem entsagen, was er vorhin mit der größten Heftigkeit wollte" (2, 485).

Indem zwei Wege zur Verneinung des Willens zum Leben aufgezeigt worden sind und damit die Möglichkeit der Verneinung dargetan ist, ist noch nichts darüber gesagt, wie denn diese Verneinung vollzogen wird. Auch jetzt ist der Selbstmord nicht das geeignete Mittel; er kann allenfalls am Ende einer Entwicklung stehen, wie noch zu zeigen sein wird. Der Mensch, der den Willen zum Leben verneint, lebt also, und leben heißt: den Willen zum Leben vollziehen! Das weist auf eine außerordentliche Spannung. Den Willen zum Leben im Leben verneinen, das bedeutet nicht: in Gedanken die Verneinung vollziehen, im übrigen aber so weiterleben wie bisher. Es bedeutet vielmehr: den Willen zum Leben in sich unausgesetzt *überwinden.* Das geschieht in verschiedenen Bereichen und als eine ganz besondere Lebensform.

Als eine erste, und zwar „schwere und schmerzliche Selbstüberwindung" sieht Schopenhauer die *„freiwillige* und durch gar kein Motiv begründete Entsagung der Befriedigung" des Geschlechtstriebes an (2, 416). Sie ist eine „Verneinung des eigenen Leibes" und als solche „ein Widerspruch des Willens gegen seine eigene Erscheinung" (2, 416 f.). Sie ist zugleich Verneinung von Nachkommen – und darin ebenfalls Verneinung von Leben und des Willens zum Leben.

Der Befriedigung des Geschlechtstriebes zu entsagen – als Vollzug der Verneinung des Willens zum Leben – ist eine Gestalt der Askese und gehört zur Lebensform des Asketen, in der Schopenhauer ein Ideal sieht. Er definiert die Askese folgendermaßen: „Unter [...] *Askesis* verstehe ich, im engern Sinne, diese *vorsätzliche* Brechung des Willens, durch Versagung des Angenehmen und Aufsuchen des Unangenehmen, die selbstgewählte büßende Lebensart und Selbstkasteiung, zur anhaltenden Mortifikation des Willens" (2, 484 f.). Mortifikation bedeutet Abtötung. Der Asket will die Abtötung seines Willens zum Leben, und deshalb versagt er sich alles Angenehme, sucht Unangenehmes auf, ja fügt sich selbst Schmerz zu. Es ist eine „harte Lebensweise", und nur mit großer „Anstrengung" und in ‚stetem Kampf' kann jemand auf diesem Weg bleiben (2, 484). Wesentlich für die Lebensform des Asketen ist auch die freiwillige Armut (vgl. 2, 472), und zwar, so fügt Schopenhauer hinzu: eine Armut, die nicht akzidentell entsteht, als Begleiterscheinung großer tätiger Nächstenliebe, sondern die eigens gewollt ist – eben zur Abtötung des Lebenswillens. Ferner: Da der Asket Unangnehmes, ja Schmerz sucht, begrüßt er von anderen erlittenes Unrecht. Ihm ist „jedes von außen, durch Zufall oder fremde Bosheit, auf ihn kommende Leid willkommen, jeder Schaden, jede Schmach, jede Beleidigung: er empfängt sie freudig, als die Gelegenheit sich selber Gewißheit zu geben, daß er den Willen nicht mehr bejaht [...]. Er erträgt daher solche Schmach und Leiden mit unerschöpflicher

Geduld und Sanftmuth, vergilt alles Böse [...] mit Gutem, und läßt das Feuer des Zornes so wenig, als das der Begierde je in sich wieder erwachen" (2, 473). Die Beschreibung des Asketen ist zur Beschreibung des Heiligen geworden, und in der Tat ist es die Lebensform des Heiligen, in der die Verneinung des Willens zum Leben nach Schopenhauers Auffassung am vollkommensten gelebt wird. Diese Lebensform ist an keine bestimmte Religion gebunden, Schopenhauer findet sie unter Christen, Hindus und Buddhisten. Und er empfiehlt Lebensbeschreibungen der Heiligen zur Lektüre, damit man wirklich begreife, was er unter Verneinung des Willens verstehe.

Bisher ist das Positive an der gelebten Verneinung des Willens noch zuwenig zur Sprache gekommen. Schopenhauer nennt die Gemütsverfassung, die hier gegeben ist, Resignation. Aber: Diese ist ihm alles andere als bedrückend. Sie scheint nur so für diejenigen, die von außen zuschauen. Der Zustand der „freiwilligen Entsagung, der Resignation" ist gerade der Zustand der „wahren Gelassenheit und gänzlichen Willenslosigkeit" (2, 470). Noch positiver klingt die folgende Stelle, in der das Leiden als überwunden und der Pessimismus als durchbrochen erscheint: „so ist [...] Der, in welchem die Verneinung des Willens zum Leben aufgegangen ist, so arm, freudelos und voll Entbehrungen sein Zustand, von außen gesehn, auch ist, voll innerer Freudigkeit und wahrer Himmelsruhe. Es ist nicht der unruhige Lebensdrang, die jubelnde Freude, welche heftiges Leiden zur vorhergegangenen, oder nachfolgenden Bedingung hat, wie sie den Wandel des lebenslustigen Menschen ausmachen; sondern es ist ein unerschütterlicher Friede, eine tiefe Ruhe und innige Heiterkeit, ein Zustand, zu dem wir, wenn er uns vor die Augen oder die Einbildungskraft gebracht wird, nicht ohne die größte Sehnsucht blicken können, indem wir ihn sogleich als das allein Rechte, alles Andere unendlich überwiegende anerkennen [...]. Wir fühlen dann wohl, daß jede der Welt abgewonnene Erfüllung unserer

Wünsche doch nur dem Almosen gleicht, welches den Bettler heute am Leben erhält, damit er morgen wieder hungere; die Resignation dagegen dem ererbten Landgut: es entnimmt den Besitzer aller Sorgen auf immer" (2, 482). Der Asket, der Heilige, erscheint anderen als arm und freudelos. Tatsächlich aber ist er im Gegensatz zu anderen Menschen gerade innerer Freudigkeit teilhaftig; er hat wahren Frieden und Heiterkeit. Wenn allerdings Schopenhauer diese Stimmung und innere Verfassung des Heiligen hier als dauernden Besitz hinstellt, hat er die ganz seltenen unter den Ausnahme-Menschen im Blick, die sich auf der höchsten Stufe der Heiligkeit dauernd zu halten vermögen. Zuvor wurde ja davon gesprochen, daß steter Kampf der Selbstüberwindung und große Anstrengung vonnöten sind, um auf dem eingeschlagenen Weg der Selbstverneinung des Willens zu bleiben. Für diejenigen, die in diesem Sinne ‚unterwegs' sind, kann innerer Friede, tiefe Ruhe nur erst zeitweise eintreten.

Schopenhauer läßt keinen Zweifel daran, daß nur wenige Menschen die Verneinung des Willens zum Leben leisten und in die Lebensform des Asketen und Heiligen eintreten. Er selbst rechnet sich ausdrücklich nicht dazu (vgl. *Briefe*, S. 294). Vielleicht darf man aber auch hier, wie so oft in der Philosophie, wenn von einem Ideal die Rede ist, die Annäherung ans Ziel schon als etwas Gutes ansehen – das wäre (im Sinne Schopenhauers gedacht) eine Selbstüberwindung ‚soweit möglich', die eine ihrem Grad entsprechende Beruhigung des Lebensdranges und einen relativen inneren Frieden mit sich brächte.

Der Heilige erwirkt sich eine Vorform der Erlösung schon im Leben. Er erwirbt sich zugleich etwas noch viel Kostbareres: die Erlösung von der Wiedergeburt und damit vom Leben überhaupt. Für ihn hat der Tod eine ganz andere Bedeutung als für alles übrige Lebendige, und zwar eine – aus Schopenhauers Sicht – schlechthin positive. Der Tod endigt hier nicht nur die Erscheinung, den Lebenslauf dieses Individuums – er endigt das der

Erscheinung zugrundeliegende Wesen selbst. Schopenhauer sagt mit Bezug auf den Asketen und Heiligen: „Kommt endlich der Tod, der diese Erscheinung jenes Willens [zum Leben] auflöst, dessen Wesen hier, durch freie Verneinung seiner selbst, schon längst, bis auf den schwachen Rest, der als Belebung dieses Leibes erschien, abgestorben war; so ist er, als ersehnte Erlösung, hoch willkommen und wird freudig empfangen. Mit ihm endigt hier nicht, wie bei Andern, bloß die Erscheinung; sondern das Wesen selbst ist aufgehoben, welches hier nur noch in der Erscheinung und durch sie ein schwaches Daseyn hatte; welches letzte mürbe Band nun auch zerreißt. Für Den, welcher so endet, hat zugleich die Welt geendigt" (2, 473). Der Asket und Heilige hat frei sein Dasein verneint, und er hat diese Verneinung gelebt. Vom Willen zum Leben ist in ihm nur ein geringer Rest erhalten, gerade so viel, wie zum Fortbestand des Leibes erfordert ist. Dieser kleine Willensrest wird im Sterben auch noch ausgelöscht. Und damit ist das Wiedererscheinen, ist Wiedergeburt in einem neuen Individuum unmöglich geworden. Der Asket und Heilige ist vom Leben, vom Dasein, vom Wollen auf immer und schlechthin erlöst. Sein Leiden hat gänzlich geendet. Dieser Vorgang wird sogleich als ein Übergang ins Nichts noch weiter zu durchdenken sein.

Zuvor aber ist kurz die Frage des Selbstmordes aufzugreifen. Schopenhauer hält, wie ausgeführt, den Selbstmord von Menschen, in denen der Wille zum Leben erhalten ist, die aber ihre besonderen Lebensumstände nicht ertragen, für sinnlos. Und es hatte sich auch gezeigt, daß die freie Verneinung des Willens zum Leben die Lebensform des Asketen fordert, nicht aber den unmittelbaren Akt des Selbstmordes. Hier ist jetzt zu ergänzen: Sinnvoll erscheint Schopenhauer der Freitod, wenn er die letzte Stufe einer durch alle Stufen und Lebensbereiche gelebten Askese ist, z. B. als ‚freiwilliger Tod durch Hunger' (vgl. 2, 480). Gewissermaßen als Quintessenz gelebter Askese bringt er Erlösung, und nur so.

Das „Zerfließen ins Nichts"

Der Asket und Heilige, durch den Tod vom Willen zum Leben und damit vom Dasein in der Welt gänzlich erlöst, geht ins Nichts ein. Schopenhauer spricht von einem „Zerfließen ins Nichts" (2, 507). Was soll das besagen? Schopenhauer beginnt den hier einschlägigen Paragraphen 71 mit den Worten: „Indem ich hier [...] die ganze Entwickelung jenes einen Gedankens, dessen Mittheilung mein Zweck war, beendige, will ich einen Vorwurf, der diesen letzten Theil der Darstellung trifft, keineswegs verhehlen, sondern vielmehr zeigen, daß er im Wesen der Sache liegt, und ihm abzuhelfen schlechthin unmöglich ist. Es ist dieser, daß nachdem unsere Betrachtung zuletzt dahin gelangt ist, daß wir in der vollkommenen Heiligkeit das Verneinen und Aufgeben alles Wollens und eben dadurch die Erlösung von einer Welt, deren ganzes Daseyn sich uns als Leiden darstellte, vor Augen haben, uns nun eben dieses als ein Uebergang in das leere *Nichts* erscheint" (2, 504). Einen einzigen Gedanken mitzuteilen, das bezeichnet Schopenhauer hier als Zweck seines Hauptwerkes. Das ganze Werk ist demnach nur da, um die Möglichkeit der Erlösung vom Leiden durch freiwillige aktive Verneinung des Willens aufzuzeigen. Und da könnte man nun, so antizipiert Schopenhauer eine mögliche Reaktion seiner Leser, einen Vorwurf erheben – den Vorwurf, daß viel Aufwand um nichts gemacht worden ist, denn: am Ende des Weges stehe eben das leere Nichts. Schopenhauer erklärt es für unvermeidlich, hier, nämlich beim Zustand vollkommener Erlösung, vom Nichts zu sprechen. Er läßt es sich aber zugleich angelegen sein, einer in jenem Vorwurf sich artikulierenden Enttäuschung entgegenzuwirken.

Der Vorwurf spricht vom leeren Nichts, und damit hat er in gewisser Weise unrecht, dann nämlich, wenn mit dem Ausdruck „leer" das Positive des Nichts negiert sein soll. Ein positiv aufzufassendes Nichts könnte man freilich leicht für ein hölzernes

Eisen, ja für das Widersinnigste überhaupt halten. Dem hilft Schopenhauer in § 71 ab. Er erklärt dort, daß wir ein schlechthinniges Nichts, ein absolutes Nichts, überhaupt nicht denken können, daß vielmehr „der Begriff des *Nichts* wesentlich relativ ist und immer sich nur auf ein bestimmtes Etwas bezieht, welches er negiert" (2, 504). Das heißt also: Wann immer wir den Begriff des Nichts sinnvoll gebrauchen, verneinen wir mit ihm etwas Bestimmtes. Das Nichts ist demnach: ‚Nichtsein dieses bestimmten Etwas', nicht aber absolutes Nichtsein. Das allgemeinste ‚Etwas' ist nun aber das *Seiende;* seine Negation ist „der Begriff *Nichts* in seiner allgemeinsten Bedeutung" (2, 505). Und in dieser allgemeinsten Bedeutung nimmt Schopenhauer den Begriff im Zusammenhang mit der Erlösung in Anspruch. Was er hier unter Nichts versteht, erschließt sich daher, wenn klar erfaßt ist, was er als Seiendes begreift. Und das ist die Welt der Vorstellung (vgl. ebd.). Das Nichts wäre also: Nichtsein der Welt der Vorstellung – Nichtsein von Raum, Zeit, Kausalität, jeglicher Willenserscheinung; aber auch von Begriffen, ja von Sprache. Indem so die gesamte Sphäre unserer Vorstellung negiert ist, ist unser Denken am Ende; wir sprechen vom Nichts, ‚klagen' gar, der Wille zum Leben, verneint und aufgehoben, „sei ins Nichts verloren gegangen" (2, 506).

Hier gilt nach Schopenhauer: Von unserem Standpunkt aus haben wir dabei recht, und einen anderen Standpunkt können wir erkennend nicht einnehmen. Dennoch können wir die folgende Gedankenoperation durchführen: Wir können uns sagen: „Ein umgekehrter Standpunkt, wenn er für uns möglich wäre, würde die Zeichen vertauschen lassen, und das für uns Seiende als das Nichts und jenes Nichts als das Seiende zeigen" (ebd.). ‚Die Zeichen vertauschen', das meint: das Pluszeichen und das Minuszeichen vertauschen – das Nichts als das Positive und Wertvolle, das Seiende dagegen als das Negative, Nichtige, Wertlose ansehen. Die Asketen und Heiligen befinden sich auf diesem Weg der Einschätzung. Sie verneinen ja aktiv das Treibende in allen Erscheinungen, den Willen zum Leben, und dabei machen sie, je weiter sie fortschreiten, um so mehr die positiven Erfahrungen der Ruhe, des Friedens, der Heiterkeit. Philosophen hingegen, auf dem Standpunkt der Erkenntnis stehend, müssen sich „hier mit der negativen Erkenntnis begnügen" (ebd.). Aber sie dürfen doch auf die Erfahrungen, die in der Lebensform des Heiligen gemacht werden und über die es Zeugnisse der Heiligen gibt, hinweisen. Schopenhauer tut es, und er verwendet jetzt weitere, höchst positive Ausdrücke für solche Erfahrungen. Er sagt: Uns, den Philosophen, bleibt „nichts übrig, als auf den Zustand zu verweisen, den alle Die, welche zur vollkommenen Verneinung des Willens gelangt sind, erfahren haben, und den man mit den Namen Ekstase, Entrückung, Erleuchtung, Vereinigung mit Gott u.s.w. bezeichnet hat; welcher Zustand aber nicht eigentlich Erkenntniß zu nennen ist, weil er nicht mehr die Form von Subjekt und Objekt hat" (ebd.). Ekstase, Entrückung, Erleuchtung, Vereinigung mit Gott sind positive Erfahrungen, die freilich nicht adäquat mitgeteilt und die keineswegs in anderen hervorgerufen werden können. Wenn Schopenhauer hier auch die (mystische) Vereinigung mit Gott nennt, darf das nicht dahin mißverstanden werden, als gebe es nun doch für Schopenhauer einen Gott, und etwa gar den Gott des Christentums. Er achtet die christlichen Mystiker, obwohl er ihre Gottesvorstellung für irrig halten muß. In § 68 findet sich die Bemerkung: „Ein Heiliger kann voll des absurdesten Aberglaubens seyn, oder er kann umgekehrt ein Philosoph seyn: Beides gilt gleich. Sein Thun allein beurkundet ihn als Heiligen" (2, 474).

Schopenhauer verweist auf die Erfahrungen der Heiligen nicht, um das Nichts nun doch irgendwie inhaltlich zu besetzen, sondern einzig und allein um zu bekräftigen, daß das Nichts, in das ein Wesen bei Erlösung durch den Tod ‚zerfließt', kein absolutes Nichts ist, ja daß es überhaupt ein ‚Nichts' nur ist für unsere

Erkenntnis. Klar ist ferner, daß Erlösung bedeutet: Die Welt hat für den Erlösten geendet, die Vorstellung hat geendet, die Subjekt-Objekt-Spaltung ist zurückgelassen. Die Entrückung, die Ekstase – auch schon im Leben des Heiligen – setzt aus der Welt und aus der Subjekt-Objekt-Beziehung heraus, hebt *schlechthin* das Gegenüber von Vorstellendem und Vorgestelltem auf. (Die Kontemplation, wie Schopenhauer sie versteht, ist eine Vorstufe dazu.)

Schopenhauer schließt den Haupttext seines Hauptwerkes mit den Worten: „Wir bekennen es [...] frei: was nach gänzlicher Aufhebung des Willens übrig bleibt, ist für alle Die, welche noch des Willens voll sind, allerdings Nichts. Aber auch umgekehrt ist Denen, in welchen der Wille sich gewendet und verneint hat, diese unsere so sehr reale Welt mit allen ihren Sonnen und Milchstraßen – Nichts" (2, 508).

Es müßte klargeworden sein: Für die, die der Erlösung teilhaftig geworden und aus dem Kreislauf von Leben-Tod-Wiedergeburt entlassen sind, ‚gibt' es ein Jenseits. Das Nichts, von dem Schopenhauer spricht, hat einen Seinsstatus und ist nur für unser Erkennen das Nichts. Hier ergibt sich nun aber auch für den zurückhaltendsten Philosophen ein Problem. Schopenhauer hatte den Willen zum Leben als Ding an sich gedacht. Das kann aber, strenggenommen, nur heißen: Ohne ihn ist nichts. Wo er aufgehoben ist, bleibt nichts übrig. Von hier aus muß man ein Nichts mit Seinsstatus für unmöglich halten. Und das ist ganz etwas anderes, als – wie bisher geschehen – zu sagen: Unsere Erkenntnis reicht nicht zu, um das ‚Nichts' zu denken, und ebendeshalb sprechen wir hier von Nichts. Eine Philosophie, die das Nichts irgendwie doch als ‚seiend' annimmt, zugleich aber ein solches Nichts als unmöglich einräumen müßte, höbe sich an diesem Punkt selbst auf, und ihr könnte auch durch Erfahrungen von Heiligen nicht geholfen werden. Diese Erfahrungen müßten dann vielmehr als irrig zurückgewiesen werden. Um es noch einmal auf den Punkt zu bringen: Das Problem entsteht durch die für Schopenhauers Philosophie grundlegende Unterscheidung von Erscheinung und Ding an sich – und näherhin dadurch, daß Schopenhauer (anders als Kant) *das* Ding an sich als *den* Willen zum Leben denkt. Man sieht nicht, wie es bei Aufhebung des Willens zum Leben, also des Dinges an sich, irgend etwas – und sei es ein Nichts – ‚geben' kann. Schopenhauer hat dies Problem erkannt und ihm im 2. Band von *Die Welt als Wille und Vorstellung*, Kap. 18, Rechnung getragen. Sein Ausweg: Er rückt das Ding an sich über den Willen hinaus – ins Nichts – und läßt den Willen selbst schon eine Erscheinungsweise des Dinges an sich sein. Dabei besinnt er sich auf Kants Grundüberzeugung, der er durch die Tat, will sagen durch den 1. Band von *Die Welt als Wille und Vorstellung,* so gründlich widersprochen hatte – der Grundüberzeugung Kants nämlich, daß das Ding an sich unerkannt und unerkennbar ist. In dem genannten Kapitel heißt es: „Demzufolge läßt [...] sich noch die Frage aufwerfen, was denn jener Wille, der sich in der Welt und als die Welt darstellt, zuletzt schlechthin an sich selbst sei? d. h. was er sei, ganz abgesehn davon, daß er sich als *Wille* darstellt oder überhaupt *erscheint*, d. h. überhaupt *erkannt wird.* – Diese Frage ist *nie* zu beantworten: weil [...] das Erkanntwerden selbst schon dem Ansichseyn widerspricht und jedes Erkannte schon als solches nur Erscheinung ist. Aber die Möglichkeit dieser Frage zeigt an, daß das Ding an sich, welches wir am unmittelbarsten im Willen erkennen, ganz außerhalb aller möglichen Erscheinung, Bestimmungen, Eigenschaften, Daseynsweisen haben mag, welche für uns schlechthin unerkennbar und unfaßlich sind, und welche eben dann als das Wesen des Dinges an sich übrig bleiben, wann sich dieses, wie im vierten Buche [des 1. Bandes von *Die Welt als Wille und Vorstellung*] dargelegt wird, als *Wille* frei aufgehoben hat, daher ganz aus der Erscheinung herausgetreten und für unsere Erkenntniß, d. h. hinsichtlich der Welt der Erscheinungen, ins leere Nichts übergegangen ist. Wäre der Wille das Ding an sich schlechthin und absolut; so wäre auch dieses Nichts ein *absolutes*; statt daß es sich eben dort uns ausdrücklich nur als ein *relatives* ergiebt" (3, 231).

Schopenhauer konfrontiert den Leser jetzt also mit der Frage: ‚Was ist der Wille – schlechthin an sich selbst?' Während der Wille früher *die* Antwort auf die Frage nach dem Ansich war, wird nun nach *seinem* Ansich *gefragt,* danach, was ‚er' ist „abgesehn davon, daß er sich als *Wille* [!] darstellt oder überhaupt *erscheint".* Die Frage muß ohne inhaltlich bestimmte Antwort bleiben, weil „das Erkanntwerden selbst schon dem Ansichseyn widerspricht". Daß wir, was der Wille an sich sei, nicht erkennen können, daß also unser Erkennen hier vor dem Nichts der Unerkennbarkeit steht, ist demnach begreiflich. Und die entscheidende Äußerung in der zitierten Stelle ist nun: Wir können, ja müssen die Möglichkeit einräumen, daß das *Ding an sich* ‚*Daseinsweisen'* hat, die uns unerkennbar sind und die ‚*übrig bleiben',* wenn sich das Ding an sich „als *Wille* frei aufgehoben hat". Das Nichts vom Ende des 1. Bandes von *Die Welt als Wille und Vorstellung* ‚füllt' sich jetzt gewissermaßen mit Daseinsweisen, von denen nur *eins* angenommen werden kann und muß: daß sie *nicht* Wille zum Leben sind. Das Nichts rückt damit zum ersten bzw. eigentlichen Ding an sich auf. Der Wille zum Leben ist *eine* Daseinsweise, ja die *Erscheinungs*weise des Dinges an sich. Erlösung meint demnach nun: Aufgehen ins Ding an sich – jenseits der Erscheinungen und des Willens. Wenn hier soeben die Ausdrücke „erstes Ding an sich" und „eigentliches Ding an sich" verwendet wurden (Schopenhauer gebraucht sie nicht), so drückt sich darin eine Verlegenheit aus, in die Schopenhauer die Mitphilosophierenden versetzt. Es wurde an früherer Stelle schon einmal geäußert, daß sich bei Schopenhauer der Begriff Ding an sich mehrfach relativiert, d. h., daß etwas, das als Ding an sich bezeichnet wurde, in anderem Zusammenhang auch als Erscheinung angesprochen wird. Hier ist nun der gravierendste und äußerste Fall dieser Art gegeben. Hinter dem Willen zum Leben, der als *das* Ding an sich begriffen werden sollte, steht ein „Wesen des Dinges an sich" auf, und der Wille zum Leben ist nun eine der Daseinsweisen desselben, nämlich sein Erscheinen. Schopenhauer rückt das Ding an sich schließlich ins Nichts hinaus; anders gesagt: er läßt Ding an sich und Nichts zusammenfallen. Damit gewinnt er das für unser Erkennen unfaßbare Jenseits, in das der vom Willen zum Leben Erlöste sich auflöst, mit der Erlösung nicht nur Ruhe, sondern auch eine uns unvorstellbare Seligkeit findend.

Freiheit, Mitleid, Tugend

Schopenhauer hat auch in seinem Hauptwerk die Grundthemen seiner Ethik behandelt. Sie gehören für ihn in sein System und durften also in *Die Welt als Wille und Vorstellung* nicht fehlen. Wer sich eingehender mit Schopenhauers Ethik beschäftigen will, muß aber die *Preisschrift über die Freiheit des Willens* und die *Preisschrift über die Grundlage der Moral* hinzunehmen. (Wie schon einmal gesagt, hat Schopenhauer diese beiden Preisschriften vereinigt unter dem Titel *Die beiden Grundprobleme der Ethik.*)

Das Thema Freiheit wurde im voraufgegangenen schon mehrfach gestreift. Bei der Erörterung des Satzes vom zureichenden Grund wurde mit dessen 4. Bedeutung, dem „Gesetz der Motivation", bekannt gemacht. Es zeigte sich, daß Schopenhauer Motivation, also die Bestimmung unseres Willens zum Handeln, gänzlich von der Naturkausalität her denkt. Das Gesetz der Motivation, dem unser Handeln unterliegt, besagt, daß jede unserer Handlungen mit Notwendigkeit erfolgt, ganz so, wie in der äußeren Natur ein Körper sich notwendig bewegt, wenn er mit entsprechender Kraft angestoßen wird und wenn seiner Bewegung kein Hindernis entgegensteht. Schopenhauer leugnet insofern die Freiheit menschlichen Handelns. Andererseits war aber von einer *freien* Willensverneinung zu sprechen und damit von einer Freiheit, die sich durchaus auch im Handeln eines Menschen (des Asketen, des Heiligen) auswirkt. Wie soll das zusammengehen? Mit dieser im Rückgriff auf schon Dargelegtes formulierten Frage ist allerdings das *ganze* Freiheitsproblem bei Schopenhauer noch gar nicht in der Sicht. Zu ihm muß nun hingeleitet werden.

Früher wurde gesagt: Der Satz vom zureichenden Grund des Handelns ist ein Satz über die Notwendigkeit aller menschlichen Handlungen. Diese Notwendigkeit muß jetzt noch etwas verdeutlicht werden.

Schopenhauers Freiheitsbegriff ist – auch das wurde schon einmal erwähnt – negativ. Er ist negativ in dem Sinne, daß Freiheit sich durch *Abwesenheit* von etwas anderem definiert. Freiheit ist „die Abwesenheit aller *Nothwendigkeit*" (6, 47). Menschliches Handeln ist unfrei. Jede einzelne Handlung ist notwendig. Das heißt näherhin: „jede That eines Menschen [ist] das nothwendige Produkt seines *Charakters* und des eingetretenen *Motivs*. Sind diese Beiden gegeben, so erfolgt sie unausbleiblich. Damit eine andere entstände, müßte entweder ein anderes Motiv oder ein anderer Charakter gesetzt werden" (6, 95). Unter *Motiv* ist (wie schon einmal gesagt) zu verstehen: das Objekt des Wollens, der Anlaß und Stoff des Wollens. Motive gibt es bei Tieren und Menschen, denn Motive wirken nur durch das Medium der Vorstellung. Beim Menschen gibt es auch Gedanken als Motive. *Charakter* ist, vorläufig bestimmt, die Eigenschaft je eines menschlichen Willens. Die Tat nun ist, so sieht es Schopenhauer, das notwendige Produkt eines Motivs und eines Charakters.

Schopenhauer verdeutlicht das an Beispielen: Wir wollen „uns einen Menschen denken, der, etwan auf der Gasse stehend, zu sich sagte: ‚Es ist 6 Uhr Abends, die Tagesarbeit ist beendigt. Ich kann jetzt einen Spaziergang machen; oder ich kann in den Klub gehn; ich kann auch auf den Thurm steigen, die Sonne untergehn zu sehn; ich kann auch ins Theater gehn; ich kann auch diesen, oder

aber jenen Freund besuchen; ja, ich kann auch zum Thor hinaus-
laufen, in die weite Welt, und nie wiederkommen. Das Alles steht
allein bei mir, ich habe völlige Freiheit dazu; thue jedoch davon
jetzt nichts, sondern gehe eben so freiwillig nach Hause, zu meiner Frau.' Das ist gerade so, als wenn das Wasser spräche: ,Ich
kann hohe Wellen schlagen (ja! nämlich im Meer und Sturm),
[…] ich kann schäumend und sprudelnd hinunterstürzen (ja!
nämlich im Wasserfall), […] ich kann endlich gar verkochen und
verschwinden (ja! bei 80° Wärme); thue jedoch von dem Allen
jetzt nichts, sondern bleibe freiwillig, ruhig und klar im spiegeln-
den Teiche.' Wie das Wasser jenes Alles nur dann kann, wann die
bestimmenden Ursachen zum Einen oder zum Andern eintreten;
eben so kann jener Mensch was er zu können wähnt, nicht anders, als unter der selben Bedingung. Bis die Ursachen eintreten,
ist es ihm unmöglich: dann aber *muß* er es" (6, 81). Der Mensch
des Beispiels kann nichts von alledem, was er zu können meint,
solange nicht ein Motiv eingetreten ist, das ihn zu *einer* jener
Handlungen bestimmt. Ist aber ein Motiv eingetreten, so hat er
keine Wahl, die durch es bestimmte Handlung auch zu unterlassen; er muß sie tun, und damit alle anderen ausschließen. Welches
das Motiv ist, das den Mann im Beispiel bestimmt, zu seiner Frau
nach Hause zu gehen, hat Schopenhauer nicht gesagt. Jedenfalls
aber wirkt *dieses* Motiv unausweichlich auf *diesen* Charakter, und
nur auf einen anderen Charakter hätte es vielleicht ohne Wirkung
bleiben können. Hier soll noch ein anderes Beispiel Schopenhauers hinzugefügt werden, weil es in seinem zweiten Teil vom Heiligen spricht und damit noch deutlicher vorausweist auf das Problem, das mit einer Freiheit der Willensverneinung gegeben ist:
„ich kann, *wenn ich will*, Alles was ich habe den Armen geben und
dadurch selbst einer werden, – wenn ich *will*! – Aber ich vermag
nicht, es zu *wollen*; weil die entgegenstehenden Motive viel zu viel
Gewalt über mich haben, als daß ich es könnte. Hingegen wenn
ich einen andern Charakter hätte, und zwar in dem Maaße, daß

ich ein Heiliger wäre [,] dann würde ich es wollen können; dann aber würde ich auch nicht umhin können, es zu wollen, würde es also thun müssen" (6, 82 f.). Das heißt also: Ich bin nicht fähig, Handlungen eines Heiligen zu tun, wenn ich nicht den Charakter eines Heiligen habe. Hätte ich ihn aber, so wäre ich auch dann in meinem Handeln nicht frei. Dann *müßte* ich nämlich Handlungen eines Heiligen tun, z. B. meine Habe den Armen geben und so selbst arm werden.

Nun bestünde das Freiheitsproblem keineswegs in seiner Schärfe, wenn der Mensch im Leben seinen Charakter bestimmen oder auch nur ändern könnte. Das ist nach Auskunft der Freiheitsschrift aber nicht der Fall. Schopenhauer gibt vier Bestimmungen des Charakters, von denen die dritte und vierte Freiheit mit Bezug auf den Charakter negieren. Die vier Bestimmungen des Charakters sind: Der Charakter des Menschen ist *individuell*. Er ist *empirisch* – das heißt: „Durch Erfahrung allein lernt man ihn kennen" (6, 87). Er ist *konstant* – das heißt: „er bleibt der selbe, das ganze Leben hindurch. Unter der veränderlichen Hülle seiner Jahre, seiner Verhältnisse, selbst seiner Kenntnisse und Ansichten, steckt, wie ein Krebs in seiner Schaale, der identische und eigentliche Mensch, ganz unveränderlich und immer der selbe" (6, 89). Und schließlich: Der Charakter ist *angeboren*. – Der angeborene und unveränderliche Charakter eines Menschen sorgt dafür, daß alles, was dieser Mensch tut, gänzlich davon abhängt, ob oder ob nicht bestimmte Motive, für die er empfänglich ist, auftreten. Dabei kann auch ihr Grad eine Rolle spielen. Ein etwas abgewandeltes Beispiel Schopenhauers dafür: Wer überhaupt, seinem Charakter nach, bestechlich ist, hält möglicherweise – aus anderen Motiven – bei einer Bestechungssumme von 100 Euro noch Stand, vielleicht auch noch bei 1000 Euro – bei 10 000 Euro aber wird er sich bestechen lassen. – Da der Charakter angeboren und konstant ist, wie Schopenhauer meint, ist nicht nur die einzelne Tat eines Menschen, sondern sein ganzer Lebenslauf determiniert. Schopenhauer schreibt: „Konnte der zurückgelegte Lebenslauf eines gegebenen Menschen [...] irgend worin, auch nur im Geringsten, in irgend einem Vorgang, einer Scene, anders ausfallen, als er ausgefallen ist? – Nein! ist die konsequente und richtige Antwort" (6, 99).

Wer diese Ausführungen über Motivation und Charakter zur Kenntnis genommen hat, wird leicht geneigt sein, Schopenhauer gänzlich unter die Leugner der menschlichen Freiheit einzureihen. Hat er allerdings schon Schopenhauers Hauptwerk zu Ende bedacht, so ist er hier etwas gewarnt. Er sieht dann, daß es bei Schopenhauer ein Freiheits*problem* gibt; er weiß, daß Freiheit bei Schopenhauer doch – trotz allem – vorkommt. Sie kommt bei Schopenhauer sogar noch auf eine andere Weise vor, als nach den bisherigen Ausführungen vermutet werden kann, und das ist nun zu zeigen.

Eine der vier von Schopenhauer gegebenen Bestimmungen des menschlichen Charakters lautete: Er ist empirisch. Das sollte bedeuten: man lernt den Charakter anderer, aber gerade auch seinen eigenen nur aus Erfahrung kennen – Schritt für Schritt aus vollzogenen Handlungen. Schopenhauer unterscheidet von diesem empirischen Charakter den intelligiblen Charakter. Diesen Unterschied hat er von Kant übernommen, und er hat Kant hoch gepriesen dafür, daß er ihn eingeführt hat, so in *Die Welt als Wille und Vorstellung* (1, 208) sowie in § 10 der 2. ethischen Preisschrift, der überschrieben ist „Kants Lehre vom intelligibeln und empirischen Charakter. – Theorie der Freiheit." und in dem es heißt: „Diese Lehre *Kants* vom Zusammenbestehn der Freiheit mit der Nothwendigkeit halte ich für die größte aller Leistungen des menschlichen Tiefsinns. Sie, nebst der transscendentalen Aesthetik, sind die zwei großen Diamanten in der Krone des Kantischen Ruhmes, der nie verhallen wird" (6, 216).

Was ist unter dem intelligiblen Charakter zu verstehen, und was bedeutet er für die Freiheitsfrage? Intelligibel als das Gegenteil von empirisch meint, negativ bestimmt: durch Erfahrung nicht zu fassen. Nun hat Kant in der *Kritik der reinen Vernunft* die These ausgearbeitet, daß alle unsere Erkenntnis sich auf Erfahrung und damit auf Erscheinungen bezieht, so daß intelligibel bei Kant die Bedeutung hat: für den Menschen unerkennbar. In dieser Bedeutung kommt „intelligibel" auch im Ausdruck „intelligibler Charakter" vor – bei Kant und bei Schopenhauer.

Schopenhauer denkt so: Der empirische Charakter eines Menschen ist Erscheinung, steht unter dem Satz vom Grund, ist zeitlich bestimmt. Der intelligible Charakter meint *denselben* Menschen – *als Ding an sich,* und das heißt: nicht unter dem Satz vom Grund stehend, also nicht vom Gesetz der Motivation bestimmt, *und* nicht in der Zeit. Beim intelligiblen Charakter ist also Abwesenheit aller Notwendigkeit, d. h. Freiheit gegeben, und er ist überzeitlich. Der empirische Charakter ist die Erscheinung des intelligiblen Charakters – ist sein sukzessives Sichtbarwerden in den Handlungen eines Menschen, unter der Einwirkung von Motiven auf seinen Charakter.

Der intelligible, überzeitliche Charakter ist, wie gesagt, *frei* in Schopenhauers Sinn von Freiheit. Hier fehlt Notwendigkeit, hier fehlt damit auch jeder Grund. Das bedeutet: Jeder Mensch hat in einem überzeitlichen Willensakt das Gepräge seines Willens, eben seinen Charakter, selbst bestimmt. An diesen Akt als solchen kann niemand sich im Leben erinnern. Und *was* er – über sich selbst – in diesem Akt bestimmt hat, erfährt der Mensch im Leben allmählich aus seinen Handlungen. Jener überzeitliche Willensakt kann auch als intelligible Tat bezeichnet werden (vgl. 6, 142). Durch sie ist der Charakter festgelegt – ist er angeboren und konstant.

Mit welchem Recht nimmt Schopenhauer den intelligiblen Charakter an und behauptet ihn als frei? Sicher kann man in Schopenhauers Sinn schon einmal sagen: Wo von Erscheinung gesprochen wird, da muß auch ein Ding an sich angenommen werden – also auch beim Charakter, dessen Erscheinen uns gewiß ist. Und: Wenn der Satz vom Grund für Dinge an sich nicht gilt, dann auch nicht für den intelligiblen Charakter. Andererseits aber hat Schopenhauer in seiner 1. Preisschrift den Leugnern menschlicher Freiheit zahllose Argumente geliefert, so daß man nähere Auskunft wünscht, wie nun doch er selbst dem Menschen Freiheit zuschreiben kann. Diese Auskunft bleibt Schopenhauer nicht schuldig. Er nimmt das Bewußtsein von Schuld, Verdienst und Verantwortlichkeit in Anspruch. Nachdem er selbst das Bewußtsein der Menschen von ihrer Freiheit im Handeln als irrig aufzuweisen gesucht hat, hält er doch das Bewußtsein von Verantwortlichkeit, und damit von Schuld und Verdienst, für unanzweifelbar. Da wir nun aber, so schließt er, unmittelbar für unsere Taten nicht verantwortlich sein können (sie erfolgen ja mit Notwendigkeit), muß es unser Charakter sein, für den wir verantwortlich sind. Für ihn fühlen wir uns verantwortlich, auch wenn das nicht jedem ohne weiteres ganz klar ist. Schopenhauer nimmt als „eine Thatsache des Bewußtseyns" in Anspruch „das völlig deutliche und sichere Gefühl der *Verantwortlichkeit* für Das was wir thun, der *Zurechnungsfähigkeit* für unsere Handlungen, beruhend auf der unerschütterlichen Gewißheit, daß wir selbst die *Thäter unserer Thaten* sind. Vermöge dieses Bewußtseyns kommt es Keinem, auch dem nicht, der von der [...] dargelegten Nothwendigkeit, mit welcher unsere Handlungen eintreten, völlig überzeugt ist, jemals in den Sinn, sich für ein Vergehn durch diese Nothwendigkeit zu entschuldigen und die Schuld von sich auf die Motive zu wälzen, da ja bei deren Eintritt die That unausbleiblich war. Denn er sieht sehr wohl ein, daß diese Nothwendigkeit eine *subjektive* Bedingung hat, und daß hier [...] unter der Einwirkung der Motive, die ihn bestimmt haben, doch eine ganz andere Handlung [...] sehr wohl möglich war und hätte geschehn können, *wenn nur Er ein Anderer gewesen wäre:* hieran allein hat es gelegen. [...] Die *Verantwortlichkeit,* deren er sich bewußt ist, trifft daher bloß zunächst [...] die That, im Grunde aber *seinen Charakter:* für *diesen* fühlt er sich verantwortlich. Und für *diesen* machen ihn auch die Andern verantwortlich, indem ihr Urtheil sogleich die That verläßt, um die Eigenschaften des Thäters fest-zustellen: ‚er ist ein schlechter Mensch, ein Bösewicht‘, – oder ‚er ist ein Spitzbube‘ – [...] so lautet ihr Urtheil" (6, 134). Wir selbst wissen uns für unseren Charakter verantwortlich; und andere machen uns in moralischen Urteilen (nach Schopenhauer: zu Recht) für ihn verantwortlich. Wir sind aber für unseren Charak-ter nur verantwortlich, wenn wir ihn *frei* bestimmt haben. Und das kann nur in einer intelligiblen, vorgeburtlichen Tat geschehen sein. Durch sie hat jeder seine Individualität festgelegt, hat er fest-gelegt, wer er – sein ganzes Leben hindurch – sein wird. Hier, und hier allein, liegen Schuld oder Verdienst. – An dieser Stelle sollte vielleicht darauf aufmerksam gemacht werden, daß der Mensch nicht nur durch das principium individuationis bzw. durch sei-nen Leib als Individuum bestimmt ist, daß bei ihm vielmehr eine Individuierung schon im Bereich des Ansich stattfindet, eben durch die intelligible Tat.

Schopenhauers Rettung der menschlichen Freiheit mit Hilfe des intelligiblen Charakters läßt nun allerdings jene Freiheit, der man im 4. Buch von *Die Welt als Wille und Vorstellung* begegnet, die freie Willensverneinung, auf den ersten Blick eher als unmög-lich erscheinen. Aber dieser Schein trügt, und tatsächlich kann beides vereinigt werden, was an späterer Stelle zu zeigen sein wird.

Wenn die Freiheit hinter den Anfang des Lebens zurückverlegt wird, dann verlieren moralische Vorschriften ihren Sinn. Dem angeborenen und konstanten Charakter mit Imperativen entge-genzutreten, ist zwecklos. Schopenhauer ist konsequent, wenn er eine *imperativische* Ethik ablehnt. (Das Problem der Vereinbar-keit von intelligiblem Charakter und kategorischem Imperativ bei Kant ist hier nicht zu erörtern.) Seltsam mag erscheinen, daß Schopenhauer überhaupt noch eine Ethik vorlegt und sich, in der

2. Preisschrift, „über die Grundlage der Moral" Gedanken macht. Seine Ethik kann nach Schopenhauers Verständnis keine praktische Wirkung haben, kann keinen Einfluß nehmen auf das Handeln der Menschen. Sie ist reine Theorie, getragen von bloßem Erkenntnisinteresse. Sie beschreibt und bestimmt menschliches Handeln unter den Hinsichten von ‚gut' und ‚schlecht'; sie geht zurück auf seine Grundtriebfedern und entdeckt in der einzigen positiven Grundtriebfeder, dem Mitleid, die „Grundlage der Moral"; aus ihr entwickelt sie die Grundtugenden. Die drei Grundtriebfedern wurden hier früher schon einmal genannt; es sind der Egoismus, die Bosheit und das Mitleid.

Nur auf das Mitleid soll hier noch einmal kurz der Blick gelenkt werden. Es hieß schon: Das Mitleid will schlechthin das fremde Wohl; der Mitleidige opfert dafür gegebenenfalls eigenen Vorteil, eigenes Wohl – im äußersten Fall sogar das Leben. Schopenhauer spricht in der 2. Preisschrift vom Mitleid als der „ganz unmittelbaren, von allen anderweitigen Rücksichten unabhängigen *Theilnahme* zunächst am *Leiden* eines Andern und dadurch an der Verhinderung oder Aufhebung dieses Leidens" (6, 248). Wichtig ist an dieser Bestimmung auch, daß in ihr der Bezug zur Praxis schon enthalten ist. Mitleid bedeutet: tätig werden, um fremdes Leid aufzuheben, nach Kräften zu lindern oder seinem Auftreten vorzubeugen. Das letztere kann auch durch ein Unterlassen geschehen, indem jemand nämlich Taten unterläßt, die für andere Menschen Leiden mit sich bringen würden. Diese aktive Komponente im Mitleid haben übrigens schon die Griechen gesehen, und sie ist in der christlichen Tugend der Barmherzigkeit entscheidend.

Für Schopenhauer ist Mitleid die einzige Grundlage von Moral. Es begründet bei ihm die beiden Grundtugenden Gerechtigkeit und Menschenliebe. Diese entsprechen zwei Graden des Mitleids. Der schwächere Grad von Mitleid trägt die Tugend der Gerechtigkeit. Unter ihr versteht Schopenhauer ein Verhalten, das darauf ausgeht, niemandem zu schaden, niemanden zu verletzen. Der höhere Grad des Mitleids läßt Menschenliebe hervorgehen. Diese Tugend zielt darauf ab, allen, so sehr man kann, zu helfen. Der Mitleidige der ersten Stufe macht es sich zum Grundsatz: Verletze niemanden! Der Mitleidige der zweiten Stufe fügt diesem Satz in seinem Grundsatz noch einen weiteren hinzu: Verletze niemanden; vielmehr hilf allen, soweit du kannst! „Neminem laede; imo omnes, quantum potes, juva" (6, 251; vgl. 6, 177).

Das Mitleid ist jetzt zunächst einmal zusammenzudenken mit den vorangegangenen Ausführungen über den Charakter. Im Leben ist der Charakter angeboren und konstant. Er ist es aufgrund einer intelligiblen Tat, eines außerzeitlichen Willensaktes, durch den jemand über seine Individualität entschieden hat. Schopenhauer ist nun der Überzeugung, daß Mitleid, wenigstens in ganz schwachem Grad, in jedem Menschen vorkommt. Aber die Charaktere unterscheiden sich eben wesentlich dadurch, in welchem Verhältnis in ihnen die Grundtriebfedern gemischt sind. Eben das wird durch die intelligible Tat entschieden, und zwar für ein ganzes Menschenleben. (Im Anschluß an Ausführungen über die Triebfedern Egoismus und Bosheit bzw. Gehässigkeit sagt Schopenhauer: „Das Vorwalten der einen, oder der andern, oder aber der […] moralischen Triebfeder, giebt die Hauptlinie der ethischen Klassifikation der Charaktere. Ganz ohne etwas von allen dreien ist kein Mensch" – 6, 240.)

Nunmehr soll die Freiheitsproblematik aufgegriffen und zu Ende geführt werden. Und da wird sich sogleich zeigen, daß dabei das Mitleid und die Tugend eine wesentliche Rolle spielen. Freiheits- und Mitleidsproblematik verzahnen sich auf Schopenhauers höchster Betrachtungsstufe, der metaphysischen, auf eigentümliche Weise. Mitleid von hohem Grad *kann* auch entstehen in einem Menschen, in dessen angeborenem Charakter der Egoismus beherrschend ist – und dann wird die ‚Konstanz' dieses Charakters durchbrochen, seine Unveränderlichkeit außer Kraft gesetzt. Dies aber gerade ermöglicht auch einem solchen Menschen die freie Willensverneinung, die als das Charakteristische der Asketen und Heiligen erwiesen wurde und die zur Erlösung führen kann. Es läßt sich schon sagen: Mag es immerhin Menschen geben, deren angeborener, konstanter Charakter Heiligkeit ist, deren vorgeburtliche intelligible Tat ein Maximum an Mitleid in ihrem Charakter gesetzt hat – zum Asketen und Heiligen *kann* man auch *im Leben* – bei zunächst anderem Charakter – noch *werden*. Man kann es werden durch umfassendes Mitleid, das im Leben aufgekommen ist, aus anderer Quelle als einer intelligiblen Tat.

Welche Quelle könnte das aber sein? Antwort: Eine Erkenntnis. Es ist die Erkenntnis, die Schopenhauer als das „Durchschauen" des principium individuationis bezeichnet hat. Es ist die Einsicht, die die Vielheit der Individuen als Erscheinung begreift, die begreift, daß in Wahrheit alle Wesen eins sind. Es hieß schon einmal: Wer zu dieser Einsicht gelangt ist, erkennt in allen anderen Wesen *sich*; er weiß sich mit allen anderen Individuen identisch. In allen kommt er sich selbst entgegen. Schopenhauer sagt mit Bezug auf diese Erkenntnis: „welche Wahrheit ich, in Bezug auf das Handeln, nicht würdiger auszudrücken weiß, als durch die […] Formel des Veda: ‚*Tat twam asi!*' (‚Dieses bist du!') Wer sie mit klarer Erkenntniß und fester inniger Ueberzeugung über jedes Wesen, mit dem er in Berührung kommt, zu sich selber auszusprechen vermag; der ist eben damit aller Tugend und Säligkeit gewiß und auf dem geraden Wege zur Erlösung" (2, 464). Unmittelbar anschließend (ebd.) nennt Schopenhauer diese Einstellung zu allen anderen Wesen Liebe. Ihr „Ursprung und Wesen" ist „die Durchschauung des *principii individuationis*", und sie führt „zur Erlösung, nämlich zum gänzlichen Aufgeben des Willens zum Leben, d. h. alles Wollens" (ebd.). Schließlich fügt er (ebd.) den fundamentalen Satz hinzu: „‚Alle Liebe (αγαπη, caritas) ist Mitleid.'"

Wer sich die Erkenntnis, daß er in Wahrheit mit allen anderen Wesen eins ist, wirklich zugeeignet hat, für den hat sie praktische Konsequenzen. Vom „Blendwerk der Maja geheilt seyn, und Werke der Liebe üben, ist Eins. Letzteres ist [...] unausbleibliches Symptom jener Erkenntniß" (2,463). Auch „in Bezug auf das Handeln" gilt ihm: ‚Dieses bist du!' Schopenhauer knüpft hier nicht nur an indisches, sondern auch an christliches Denken an: Liebe im Sinne der Agape, der Caritas, der tätigen Nächstenliebe entsteht in einem solchen Menschen. Sie wird von Schopenhauer gleichgesetzt mit dem Mitleid, dessen aktive Komponente ja schon betont wurde. Dabei steht im Blick das Mitleid in dem höheren Grad, in dem es nicht nur die Tugend der Gerechtigkeit, sondern eben gerade auch die der Menschenliebe trägt. So kann denn Tugend in einem Menschen entstehen, dessen angeborener Charakter nicht für sie angelegt ist. Sie entsteht dann auf dem Weg über eine Erkenntnis. Von dieser Erkenntnis, „welche im fremden Individuo das selbe Wesen erkennt, wie im eigenen" (2,456), sagt Schopenhauer, daß sie intuitiv ist und nicht: abstrakt, begrifflich, in Worten mitteilbar, lehrbar (vgl. ebd.). Sie kann ebendeshalb auch nicht von einer Ethik bereitgestellt werden.

Anzumerken ist: So wichtig Tugend (in den Gestalten Gerechtigkeit und tätige Menschenliebe) für Schopenhauer ist, sie hat in seinem Konzept im günstigen Fall nur die Bedeutung eines Durchgangs. Denn: Das Positivste an ihr ist, daß sie – indem sie den Egoismus durchbricht – den Weg zur Erlösung öffnet; sie setzt frei für die Willensverneinung, für die Verneinung des Lebens, des Willens zum Leben. Damit tritt sie sich aber selbst entgegen. Je weiter nämlich ein Mensch im Leben auf die Erlösung zugeht, je schwächer also sein Wille wird, um so weniger effektiv wird er die Tugend der Menschenliebe in Taten umsetzen.

Um deutlich zu sehen, wie es bei Schopenhauer von der tätigen Nächstenliebe zur freien Willensverneinung kommen kann, braucht man sich nur an schon Erörtertes zu erinnern: Wer das principium individuationis in der angegebenen Weise durchschaut hat und alle anderen Wesen liebt, der leidet ja mit ihnen – denn alles Leben ist Leiden. Er eignet sich die Qualen aller anderen Wesen zu. Damit ist er auf den Punkt gelangt, daß er frei seinen Willen verneinen und den Weg der Erlösung beschreiten kann.

Schopenhauer schreibt dem Menschen die Möglichkeit zu, im Leben seine intelligible Tat in Richtung auf Tugend, ja Heiligkeit hin zu korrigieren und so seinen Charakter zu ändern. Diese Freiheit und die freie Willensverneinung realisieren sich aber nur in Ausnahmefällen.

Man müßte Schopenhauer, der mit Vehemenz die Freiheit menschlicher Taten geleugnet und doch Freiheit der bezeichneten Charakteränderung und Freiheit der Willensverneinung behauptet hat, gegen den Vorwurf, sich selbst zu widersprechen, in Schutz nehmen. Sein System ist in diesem Punkt konsistent. Wohl aber gibt es manche überspitzten Formulierungen bei ihm, die sich gegen ihn ausspielen ließen. Anders gesagt: Schopenhauer schränkt seine Aussagen über den Durchschnittsmenschen nicht ständig durch den Hinweis ein, daß es als Möglichkeit, ja – in Gestalt historischer Heiliger – auch als Wirklichkeit Ausnahmen gibt. Ein Beispiel dafür ist die schon einmal zitierte Stelle: „Konnte der zurückgelegte Lebenslauf eines gegebenen Menschen […] irgend worin, auch nur im Geringsten, in irgend einem Vorgang, einer Scene, anders ausfallen, als er ausgefallen ist? – Nein! ist die konsequente und richtige Antwort" (6, 99). Jedoch, er *hätte* anders ausfallen können, wenn dieser Mensch von der so selten ergriffenen Freiheit Gebrauch gemacht hätte, seine intelligible Tat auf die dargestellte Weise zu korrigieren.

Eine Schwierigkeit könnte man allerdings noch sehen bei der Modifikation des intelligiblen Charakters. Der intelligible Charakter zeigte sich als das Ergebnis einer intelligiblen Tat. Diese geschieht als zeitloser Willensakt. Die Zeitlosigkeit dieses Willensaktes steht bei Schopenhauer für die Unveränderlichkeit des

Charakters im Leben ein. Und nun soll doch eine Veränderung in der Zeit, im Leben, möglich sein! Das läßt sich freilich klären. Die Änderung des vorgeburtlich vollzogenen, zeitlosen Willensaktes durch das Individuum fällt für Schopenhauer als solche nicht in die Zeit, und dasselbe gilt für die Verneinung des Willens zum Leben. Auch diese Freiheitsakte sind zeitlos. Aber: In der Zeit zeigt das Erscheinungsbild, das in solchen Fällen der *empirische* Charakter darbietet, Veränderung. Es erscheinen Handlungen eines Individuums, die mit seinen früheren Handlungen nicht mehr in einstimmigen Zusammenhang gebracht werden können. Ja, die Willensverneinung wird am Leib des Asketen sichtbar. –

Wie schon gesagt: Schopenhauer hat eine imperative Ethik für sinnlos gehalten, und er ist konsequent genug, auch keinen Imperativ der Willensverneinung zu formulieren. Er gibt aber zu erkennen, daß der Grundgedanke seiner Philosophie und dessen Ausführung an die Stelle einer (derartigen, über eine das Erkenntnisinteresse befriedigende reine Theorie hinausgehenden) Ethik tritt (vgl. 2, 464). Seine Philosophie läßt das principium individuationis durchschauen, zeigt, daß und warum alles Leben Leiden ist, und denkt die Möglichkeit der Erlösung. Sie ist selbst noch abstrakt, begrifflich. Sie ist also nicht identisch mit jener intuitiven Erkenntnis, die Werke der Liebe zur Folge hat und die von Schopenhauer an den Anfang des Wegs der Erlösung gesetzt worden ist. Aber sie bereitet sie vor. Daß die intuitive Erkenntnis, die den Weg der Erlösung eröffnet, allerdings auch ohne Schopenhauers Philosophie erlangt werden kann (z. B. durch altindische Weisheit), hat er selbst klar gesagt. Und gegen Ende seiner 2. Preisschrift stellt er fest: „[...] Demnach träfe die praktische Weisheit, das Rechtthun und Wohlthun, im Resultat genau zusammen mit der tiefsten Lehre der am weitesten gelangten theoretischen Weisheit; und der praktische Philosoph, d. h. der Gerechte, der Wohlthätige, der Edelmüthige, spräche durch die That nur die selbe Erkenntniß aus, welche das Ergebniß des größten

Tiefsinns und der mühsäligsten Forschung des theoretischen Philosophen ist. Indessen steht die moralische Trefflichkeit höher denn alle theoretische Weisheit, als welche immer nur Stückwerk ist und auf dem langsamen Wege der Schlüsse zu dem Ziele gelangt, welche jene mit Einem Schlage erreicht; und der moralisch Edle, wenn ihm auch noch so sehr die intellektuelle Trefflichkeit abgeht, legt durch sein Handeln die tiefste Erkenntniß, die höchste Weisheit an den Tag, und beschämt den Genialsten und Gelehrtesten, wenn dieser durch sein Thun verräth, daß jene große Wahrheit ihm doch im Herzen fremd geblieben ist" (6, 311).

III. Zur Wirkungsgeschichte

Die *frühe* Wirkungsgeschichte Schopenhauers ist so eng mit seinem Leben verbunden und wirft so viel Licht auch auf seine Persönlichkeit, daß sie (mit Ausnahme Richard Wagners) nicht hier, sondern in Teil I zur Sprache kam, und zwar, soweit es sich um positive Wirkung, um Erfolge, handelt, am Ende des Teils. (Literaturangaben hierzu finden sich auch unter meinen Angaben: Zu III / Allgemein.)

Jetzt geht es darum, die begonnene Linie weiter auszuziehen. Da eine umfassende Gesamtdarstellung der Wirkungsgeschichte Schopenhauers fehlt, bleibt man ohne deren Hilfe. Aber nicht nur deshalb muß das hier folgende skizzenhaft und dürftig bleiben. Auch der vorgegebene äußere Rahmen nötigt zur Beschränkung.

Magee hat schon in der ersten Auflage (1983) seines Buches *The Philosophy of Schopenhauer* über „Schopenhauer and Later Thinkers" gehandelt (Appendix 2; die darin thematisierten ‚späteren Denker' sind: Nietzsche, Jacob Burckhardt, Hans Vaihinger, Eduard von Hartmann, Freud). Gleich zu Beginn (S. 262) zeichnet er folgende Kurve: Die Anerkennung, die Schopenhauer in den fünfziger Jahren des 19. Jahrhunderts zuteil wurde, breitete sich in der Folgezeit weiter aus; gegen Ende des Jahrhunderts wurde Schopenhauer allgemein als ein großer Philosoph angesehen; die Periode der höchsten Schätzung und des größten Einflusses dauerte von etwa 1880 bis ungefähr zum Ersten Weltkrieg; danach ging die Bekanntschaft mit seinem Werk zurück – auch ‚Berufsphilosophen' studierten es nicht mehr; in den letzten Jahren allerdings hat diese Bewegung sich umgekehrt, und jetzt gibt es eindeutige Anzeichen dafür, daß das Interesse an Schopenhauer wieder auflebt. So Magee 1983. Schon in diesem Anhang (auf S. 263) erörtert er kurz die Frage, was es denn war, womit Schopenhauer in den Jahrzehnten nach seinem Tod die Menschen beeindruckte, und er nennt Schopenhauers Atheismus und Pessimismus, seinen Evolutionismus (Darwinsche Gedanken, noch vor bzw. unabhängig von Darwin), seine Erkenntnis der Rolle des Unbewußten. In der zweiten Auflage seines Buches (1997) geht Magee in einem neuen Kapitel (Kapitel 20: „Schopenhauer's Reputation in its Changing Historical Context") noch einmal und detaillierter auf die Entwicklung der Schopenhauer-Rezeption ein und ordnet ihr Auf und Ab geschichtlich ein. Daraus hebe ich hier ein paar Einzelheiten heraus: Im späten 19. und frühen 20. Jahrhundert übte Schopenhauer in einigen kulturellen Zentren – vor allem auch in Wien – einen besonders starken Einfluß aus (S. 434). Der Erste Weltkrieg erzeugte in der englischsprachigen Welt eine Ablehnung gegen alles Deutsche, von der auch Schopenhauers Werk betroffen wurde (S. 435 f.). Außerdem hatte sich unter den Philosophen an britischen Universitäten der Neuhegelianismus etabliert, und im Gegenzug gegen ihn kam es zur Analytischen Philosophie, während gleichzeitig in den Vereinigten Staaten der Pragmatismus in Blüte war – dies alles zum Nachteil der Schopenhauerschen Philosophie (S. 436). Die russische Revolution von 1917 tat diesbezüglich ein übriges, indem sie weltweit für die Intellektuellen Marxismus und Antimarxismus ganz oben auf die Tagesordnung setzte (ebd.). Und ferner: Schopenhauer hatte manchen Entwicklungen auf dem Feld der Wissenschaften vorgegriffen (und war insofern modern und interessant gewesen), aber revolutionäre naturwissenschaftliche Erkenntnisse des 20. Jahrhunderts gingen über viele seiner Antizipationen hinaus und ließen sie im neuen Licht als primitiv erscheinen (ebd.). Gleichwohl: Weiterhin wurde Schopenhauer von kreativen Individuen ernst genommen – Magee nennt u. a. Rilke, Shaw,

Pirandello, Bergson, Thomas Mann, T. S. Eliot, Beckett (S. 437). Im übrigen aber wurde Schopenhauer die meiste Zeit des 20. Jahrhunderts – vom Ersten Weltkrieg bis etwa 1980 – völlig vernachlässigt (S. 437 f.).

Meinem Referat von Ausführungen Magees füge ich hier, im allgemeinen Abschnitt dieses Teils, noch zwei Ergänzungen hinzu. Zum einen: Daß Schopenhauers Popularität im 20. Jahrhundert zurückging, dürfte nach meiner Auffassung auch zusammenhängen mit der großen Wirkung, die für Nietzsche seit der Jahrhundertwende zu verzeichnen ist. Nietzsche hatte inhaltlich manches von dem zu bieten, was Schopenhauer interessant gemacht hatte; er war ein ebenso glänzender Schriftsteller wie dieser. Vor allem aber: In seiner reifen Philosophie (die freilich nicht unproblematisch ist) präsentierte er sich als Antipode Schopenhauers, der an die Stelle des Pessimismus Schopenhauerscher Prägung eine dionysische Weltbejahung zu setzen versuchte.

Zum andern: Es sollten die Verdienste nicht unerwähnt bleiben, die der bedeutende Indologe und Religionshistoriker Helmuth von Glasenapp (1960, S. 99) Schopenhauer zuschreibt: „Schopenhauer [hat] wie kein anderer sich die größten Verdienste um die Verbreitung der Kenntnis indischer Weisheit im Abendlande erworben. Niemand hat mit so edler Begeisterung wie er immer wieder auf die geistigen Schätze des Gangeslandes hingewiesen, niemand hat ihnen durch seine Schriften so viele Freunde im Westen erworben wie er."

Im folgenden wird nun die Schopenhauer-Rezeption einiger einzelner thematisiert. Schließlich und im Anschluß an Thomas Mann folgt der Hinweis, daß Schopenhauer besonders von Verfassern literarischer Werke rezipiert worden ist.

Die bedeutendsten Geister des 19. Jahrhunderts, auf die Schopenhauer einen erheblichen Einfluß ausgeübt hat, dürften Richard Wagner und Nietzsche sein. Was zunächst Wagner betrifft: Für ihn war Schopenhauer der größte Philosoph nach Kant, und

Schopenhauers System galt ihm als das klarste philosophische System überhaupt. Dieser Philosophie begegnet zu sein, das empfand er als eine besondere Glücksgabe und als entscheidend für sein weiteres Leben. Sein allererster Eindruck war zwar gespalten gewesen, aber bald schon glaubte er, das, was ihn zunächst befremdet hatte – die Erlösung durch Willensverneinung –, selbst schon in seiner Dichtung *Der Ring des Nibelungen* gestaltet zu haben und seine Wotangestalt dank Schopenhauer erst wirklich zu verstehen. Daß diese Dichtung wohl kein bruchloser Vorgriff auf noch unbekanntes Gedankengut Schopenhauers ist, vielmehr auch ganz andere Spuren enthält, mag hier auf sich beruhen, wie auch der biographische Umstand, daß Wagner mit Schopenhauers Werk erste Bekanntschaft machte zu einem Zeitpunkt, als er – Revolutionär im Ruhestand bzw. im Schweizer Exil – nicht eben optimistisch in die Welt blickte. Wichtiger ist: Intensiv erfaßte er Schopenhauers Philosophie zuerst, während er *Tristan und Isolde* konzipierte (1854), und in diesem seinem Werk ergänzt er nicht nur, wie er selbst meinte, Schopenhauers System um eine wesentliche Dimension (die Geschlechterliebe), sondern verwandelt zugleich Schopenhauers Grundposition. Anders gesagt: Er überschreitet diese hin zu einer Erlösungsmetaphysik eigenen Charakters (Erlösung eines Liebespaars durch seine Liebe). Übrigens wird in *Tristan und Isolde* keineswegs das Leben überhaupt verneint. Der *Parsifal*, als Dichtung von Wagner 1877 vollendet, scheint Schopenhauer besonders nah zu sein, taugt hier zur Erlösungstat doch nur, wer ‚durch Mitleid wissend' geworden ist. Tatsächlich aber ist der *Parsifal* Schopenhauer doch auch ziemlich fern. Und das nicht etwa, weil das Werk wirklich christlich-religiös wäre, sondern weil es in ihm darum geht, eine heillos gewordene Welt Ordnung stiftend zu heilen. – Wagner hat zu Schopenhauer Kontakt aufgenommen, doch Schopenhauer verweigerte sich einer persönlichen Beziehung. Dafür, daß Wagner ihm 1854 die Dichtung des *Ring* mit einer Verehrung bezeugenden Widmung zugeschickt hat, bedankte er sich nicht direkt bei ihm; er soll ihm aber seinen Dank und die Bemerkung haben ausrichten lassen, Wagner sei ein besserer Dichter als Komponist und möge das Komponieren doch lieber lassen. Wagner sandte ihm dann noch die *Tristan*-Dichtung, wurde aber keiner Reaktion gewürdigt. –

Es ist wohl nicht zuviel behauptet, wenn man sagt, daß Nietzsches geistige Existenz dank Schopenhauers Werk die eines Philosophen geworden ist. Als Student der klassischen Philologie kaufte er 1865 in einem Leipziger Antiquariat Schopenhauers ihm noch ganz unbekanntes Hauptwerk. Die Lektüre beeindruckte ihn tief, und er dehnte sie auf andere Schriften Schopenhauers aus. Sie hatte etwas von einer Initialzündung für ihn. Und doch zeigte sich schon bald, daß Nietzsche zu Eigenem auf den Weg gebracht war. Zwar stellt seine frühe Schrift *Schopenhauer als Erzieher* (die dritte seiner *Unzeitgemäßen Betrachtungen,* 1874) ein Bekenntnis zu Schopenhauer dar. Aber von Schopenhauers Philosophie kommt in ihr kaum etwas zur Sprache. Vielmehr: Schopenhauer, der Schriftsteller, die Denkerpersönlichkeit, der Zeitkritiker, wird als Vorbild herausgestellt. Er, ein Unzeitgemäßer, kann durch sein Vorbild in einer kulturschwachen Zeit gegen diese erziehen und dazu verhelfen, daß die von der Kultur gestellte Aufgabe ergriffen wird, nämlich den Philosophen, den Künstler und den Heiligen hervorzubringen. Damit Schopenhauer diese Vorbildfunktion zu erfüllen vermag, muß er aber erst noch in angemessener Weise bekannt gemacht werden. Denn, und das gibt Nietzsche als symptomatisch für das Zeitalter zu erkennen, Schopenhauer blieb zunächst ohne Wirkung, und diejenigen, die sich dann öffentlich für sein Werk einsetzten, waren ihm – so Nietzsche – nicht gemäß. (Übrigens entdeckt Nietzsche in Schopenhauers Umgehen mit seinem Mißerfolg und schließlichem ‚Erfolg‘ Menschlich-Allzumenschliches, auch allzu herbe und übersteigerte Töne in Äußerungen darüber; aber das bringt uns Nietzsches Meinung nach dem großen Genius gerade näher.)

Etwa zwölf Jahre nach Erscheinen der dritten *Unzeitgemäßen Betrachtung* schreibt Nietzsche, fast alle seine Schriften seien ‚zurückdatiert‘, und dann heißt es mit Bezug auf *Schopenhauer als Erzieher:* „Als ich meine Dankbarkeit gegen meinen ersten und einzigen Erzieher, gegen Arthur Schopenhauer ausdrückte – ich würde sie jetzt noch viel stärker ausdrücken – war ich für meine eigne Person mitten in der moralistischen Scepsis und Auflösung drin und glaubte bereits an ‚gar nichts mehr‘, wie das Volk sagt, auch an Schopenhauer nicht: […] schon in der ‚Geburt der Tragödie‘ und ihrer Lehre vom *Dionysischen* erscheint der Schopenhauerische Pessimismus als überwunden" (Nachlaß Sommer 1886-Frühjahr 1887, Aufzeichnung 6[4]). In der Tat: Seine Schrift *Die Geburt der Tragödie aus dem Geiste der Musik* (1872) ist sehr wohl Schopenhauer verpflichtet (wie auch Richard Wagner, dem sie gewidmet ist), aber sie enthält eine eigenständige Metaphysik – einen dritten Typus von Erlösungsmetaphysik neben der Metaphysik Schopenhauers und derjenigen, die in Wagners *Tristan und Isolde* erkennbar ist. Nietzsche hat sich dann bald zum radikalen Antimetaphysiker entwickelt. Dies geschah auch im Gegendenken gegen seine eigene frühe Metaphysik *und* im Gegendenken gegen Schopenhauer. Statt Schopenhauers Willen zum Leben denkt Nietzsche nun den Willen zur Macht, und den Unterschied von Ding an sich und Erscheinung gibt er auf. An die Stelle der Weltverneinung setzt er die dionysische Bejahung der Welt. Zu dieser gehört als vorherrschende Stimmung eine Mischung aus Lust und Weh, in der die Lust überwiegt. In Ziffer 5 der Vorrede seines Werkes *Zur Genealogie der Moral* (1887) schreibt Nietzsche, zurückblickend auf seine frühe Schrift *Menschliches, Allzumenschliches* von 1878/79: „Es handelte sich für mich um den *Werth* der Moral, – und darüber hatte ich mich fast allein mit meinem grossen Lehrer Schopenhauer auseinanderzusetzen, an den wie an einen Gegenwärtigen jenes Buch, die Leidenschaft und der geheime Widerspruch jenes Buchs sich wendet […]. Es handelte sich in Sonderheit um den Werth des ‚Unegoistischen‘, der Mitleids-, Selbstverleugnungs-, Selbstopferungs-Instinkte, welche gerade Schopenhauer so lange vergoldet, vergöttlicht und verjenseitigt hatte, bis sie ihm schliesslich als die ‚Werthe an sich‘ übrig blieben, auf Grund deren er zum Leben, auch zu sich selbst, *Nein sagte*. Aber gerade gegen *diese* Instinkte redete aus mir ein immer grundsätzlicherer Argwohn […]! Gerade hier sah ich die *grosse* Gefahr der Menschheit, ihre sublimste Lockung und Verführung – wohin doch? in's Nichts? – gerade hier sah ich den Anfang vom Ende, das Stehenbleiben, die zurückblickende Müdigkeit, den Willen *gegen* das Leben sich wendend". Andererseits war Schopenhauer in *Menschliches, Allzumenschliches* (II. Teil, 1. Abteilung, Ziffer 33) als „Moralisten-Genie" gewürdigt worden, freilich mit den Worten: „Schopenhauer, dessen grosse Kennerschaft für Menschliches und Allzumenschliches, dessen ursprünglicher Thatsachen-Sinn nicht wenig durch das Leoparden-Fell seiner Metaphysik beeinträchtigt worden ist (welches man ihm erst abziehen muss, um ein wirkliches Moralisten-Genie darunter zu entdecken) […]". (Nietzsche wurde zitiert nach der Ausgabe: *Sämtliche Werke*. Kritische Studienausgabe, hrsg. von Giorgio Colli und Mazzino Montinari, Berlin–New York, 2. Aufl. 1988.) –

Unter den Philosophen des 20. Jahrhunderts ist für drei sehr verschiedene Denker eine enge Beziehung zu Schopenhauer zu konstatieren: für Scheler, Wittgenstein und Horkheimer. Scheler, der 1928 im Alter von 54 Jahren starb, wandte sich in den zwanziger Jahren, d. h. in der dritten und letzten Phase seiner philosophischen Entwicklung, intensiv Schopenhauer zu. Er fand nun in Schopenhauer einen Geistesverwandten, mit dem es sich auseinanderzusetzen galt. An Schopenhauers Konzept des Willens zum Leben knüpfte er an, ohne aber Schopenhauers eigentümlichem Weg zur Erlösung durch Willensverneinung (‚Auflösung ins Nichts‘) zu folgen. Kritisch stand er Schopenhauers Auffassung des Mitleids gegenüber. Auch vermißte er bei Schopenhauer positive Werte. –

Schopenhauers Philosophie hat auf Wittgenstein großen Einfluß ausgeübt. Er las Schopenhauer schon in sehr jungen Jahren und studierte ihn auch weiterhin. Kein anderer Philosoph der Vergangenheit war ihm annähernd so bekannt, bezog er doch auch seine Kant-Kenntnis überwiegend von Schopenhauer. Schopenhauers Pessimismus entsprach ihm. Wittgensteins frühe Philosophie des *Tractatus* (*Tractatus logico-philosophicus. Logisch-philosophische Abhandlung*, 1921) enthält viele Schopenhauersche Gedanken sowie Auseinandersetzungen mit Schopenhauer, jedoch ohne daß dieser zitiert oder namhaft gemacht würde. Auch den Aufbau der Schrift hat man als überwiegend von Schopenhauer her konzipiert aufgefaßt. Es gibt Parallelen zu Schopenhauers Auffassung von Logik, Mathematik und Naturwissenschaften. Wittgenstein übernahm weitgehend Schopenhauers Lehre vom Willen, jedoch nicht Schopenhauers metaphysische Grundüberzeugung, daß dieselbe Welt, die der Philosoph als die ‚Welt als Vorstellung‘ zu denken hat, auch und vor allem ‚Welt als Wille‘ ist. Für den frühen Wittgenstein war die unmittelbare empirische Realität der vorgestellten Welt fraglos. Unter dem Einfluß Freges setzte er bezüglich der ‚Welt als Vorstellung‘ auch insofern einen anderen Akzent, als er glaubte, ‚Vorstellung‘ von der Logik her begreifen zu müssen und so Schopenhauers erkenntnistheoretischen Ansatz vertiefen zu können. Es wurde auch bemerkt, daß Wittgensteins *Tractatus* im Schweigen endet – so wie Schopenhauers Hauptwerk schließlich bei einem ‚Nichts‘ ankommt, vor dem unser Denken und unser Sprechen versagen. – Wittgensteins Spätphilosophie unterscheidet sich von seiner frühen Philosophie so sehr, daß mancher von Wittgenstein I (früher Wittgenstein) und II (später Wittgenstein) spricht, als handele es sich um zwei verschiedene Denker. Gleichwohl hat man auch in der Spätphilosophie Bezüge zu Schopenhauer entdeckt, nicht zuletzt zu dessen Auffassung von der Sprache. –

Auch Horkheimer, der Begründer der Kritischen Theorie, hat, wie er selbst bezeugt, dank Schopenhauer ersten Zugang zur Philosophie gefunden, und das so, daß Schopenhauer für ihn zur bleibenden Erfahrung wurde, die sich durchhielt, als Hegel und Marx für ihn bestimmend geworden waren. Die erste Phase seines Denkens (zur Zeit des Ersten Weltkriegs) ist gezeichnet von der Spannung zwischen Auflehnung gegen das Unrecht der sozialen Verhältnisse, utopischer Hoffnung auf Besserung und pessimistisch-metaphysischer Weltsicht. Auch später, als er eindeutig im Marxismus Fuß gefaßt hatte, blieb solche Spannung bestehen, genauer gesagt: verbanden sich für ihn die Vorstellung von der Dringlichkeit, die gesellschaftlichen Verhältnisse mit vollem Engagement zu verändern, und die Überzeugung von der Begrenztheit derartiger Praxis, deren Erfolg nicht verhindern könnte, daß die Geschlechter, denen sie zugute kommt, zugrunde gehen werden und schließlich das Menschengeschlecht von der Erde verschwunden sein wird. Zur Zeit seiner Spätphilosophie hat Horkheimer dann in einer Reihe von Arbeiten (ursprünglich zumeist Vorträgen) Schopenhauer eindringlich thematisiert, so (u. a.) unter den Titeln *Die Aktualität Schopenhauers* (erschienen 1961) und *Schopenhauers Denken im Verhältnis zu Wissenschaft und Religion* (erschienen 1972). In den *Notizen 1950–1969* wird Schopenhauer immer wieder erörtert. Der späte Horkheimer sieht Schopenhauers Auffassung von der Nichtigkeit des Individuums bestätigt durch die jüngere Geschichte. Die gesellschaftliche Entwicklung tendiert hin zu gleichen Lebensbedingungen und in eins damit nach Horkheimer zur Minimierung der Freiheit der Individuen. Gleichwohl: In *Schopenhauers Denken im Verhältnis zu Wissenschaft und Religion* heißt es zum Schluß: „Schopenhauers pessimistische Lehre ist ein Trost. Im Gegensatz zur heutigen Gesinnung bietet seine Metaphysik die tiefste Begründung der Moral, ohne mit exakter Erkenntnis in Widerspruch zu geraten"; die „Lehre von der Einheit des Willens" („Jeder ist noch mit dem

schwächsten Wesen eins") kann Fundament von „Solidarität"
sein, und so ist denn Schopenhauers Denken „nicht ganz so pes-
simistisch wie die Verabsolutierung der Wissenschaft." Von der
Erlösungsmetaphysik, dem Ziel von Schopenhauers Hauptwerk,
hält Horkheimer allerdings gar nichts; sie ist, so meint er, unter-
halb von Schopenhauers Niveau (vgl. S. 271 im Sammelband
Über Arthur Schopenhauer). –

Auf dem Gebiet der Psychologie rückt Freud ins Blickfeld,
wenn es um Bezüge zu Schopenhauer geht. Man hat bei Freud
zahlreiche Parallelen zu Gedanken Schopenhauers entdeckt und
Schopenhauer Vorwegnahmen grundlegender Einsichten der
Psychoanalyse zugeschrieben. Umstritten ist jedoch, ob das Entstehen von Freuds Psychologie sich tatsächlich unter Einfluß
Schopenhauers vollzogen hat. Diesbezüglich reicht das Spektrum
der Einschätzungen von einer klaren Verneinung eines Einflusses
über die Annahmen mittelbarer Einflüsse bis hin zu der Auffassung, daß Freud direkt aus Schopenhauer geschöpft hat, ohne das
zu erkennen zu geben. In seiner 1995 veröffentlichten Schrift *Die
Flucht ins Vergessen. Die Anfänge der Psychoanalyse Freuds bei
Schopenhauer* behandelt Zentner im 6. Kapitel die „Frage der Ver-
mittlung" (dazu auch der Anfang von Kapitel 7). Er teilt (auf Seite 159) zwei Äußerungen Freuds mit, in denen dieser erklärt, er
habe sich erst spät in seinem Leben der Lektüre Schopenhauers
gewidmet bzw. er lese jetzt (1919) erstmals Schopenhauer, und –
so weiterhin Freud – die „weitgehenden Übereinstimmungen der
Psychoanalyse mit der Philosophie Schopenhauers" seien nicht
auf seine Bekanntschaft mit dieser zurückzuführen. Zentner hält
dagegen. Er führt eine Reihe von (teils allerdings etwas dürftigen)
„Fakten" an, die belegen sollen, daß Freud schon viel früher und
auch schon als Student sehr wohl mit Schopenhauers Gedankenwelt bekannt geworden ist. Zentner schließt sich einem anderen
Autor an, der bei Freud hier eine u. a. durch „Prioritätsehrgeiz"
motivierte „Verleugnungsstrategie" gegeben sieht. Im übrigen hält

er Freuds Psychoanalyse für die „*Weiterentwicklung* eines grundlegenden Perspektivenwechsels, der im wesentlichen auf Schopenhauer zurückgeht [...]. So erweisen sich die vielleicht zentralsten Neuerungen Freuds als weitgehend begrifflicher Natur: Er hat Begriffe geschaffen, die das von Schopenhauer Gedachte so zum Ausdruck brachten, daß sie ihm im 20. Jahrhundert den Erfolg sicherten" (S. 177). Und ferner: Freuds Bedeutung liegt nach Zentner auch darin, „daß er Ideen, die schon vor seiner Geburt bereitlagen, einen *technischen und praktischen Wert* verlieh"; so entwickelte Freud „*Techniken* zur Aufhebung von Verdrängungen" (S. 178). Daß Freud „in mancher Hinsicht über Schopenhauer hinausgegangen ist", möchte Zentner nicht leugnen (S. 177, mit Beispielen). –

Aus der Vielzahl der herausragenden Verfasser literarischer Werke, für die Schopenhauer bedeutsam war, soll hier nur Thomas Mann betrachtet bzw. zu Wort gebracht werden. Er, der nicht zufällig auch zu den Rezipienten Richard Wagners, Nietzsches und Freuds gehört (alle drei hat er in Essays thematisiert), hat sich zum Einfluß Schopenhauers auf sein Denken und Schaffen nachdrücklich bekannt. In seinem Essay *Freud und die Zukunft* (1936) heißt es: „Mehr als einmal, in Erinnerungen und Geständnissen habe ich von dem erschütternden, in merkwürdigster Mischung zugleich berauschenden und erziehlichen Erlebnis berichtet, das die Bekanntschaft mit der Philosophie Arthur Schopenhauers dem Jüngling bedeutete, der ihm in dem Roman von den ‚Buddenbrooks‘ ein Denkmal gesetzt hat. Der unerschrockene Wahrheitsmut, der die Sittlichkeit der analytischen Tiefenpsychologie ausmacht, war mir in dem Pessimismus einer naturwissenschaftlich bereits gewappneten Metaphysik bereits entgegengetreten. Diese Metaphysik lehrte in dunkler Revolution gegen den Glauben von Jahrtausenden den Primat des Triebes vor Geist und Vernunft, sie erkannte den *Willen* als Kern und Wesensgrund der Welt, des Menschen so gut wie aller übrigen Schöpfung, und den Intellekt als sekundär und akzidentiell, als des Willens Diener und schwache Leuchte" (S. 246 im Sammelband *Über Arthur Schopenhauer*). 1938 verfaßte er den Essay *Schopenhauer* (der in *Über Arthur Schopenhauer* abgedruckt ist und im folgenden aus diesem Sammelband zitiert wird). Dort (S. 113, 114 und 115) kommt er noch einmal auf seinen frühen Roman *Buddenbrooks* zu sprechen: In ihm (genauer: im 5. Kapitel des 10. Teils) ließ er – als Zeichen seiner eigenen Dankbarkeit Schopenhauer gegenüber – Thomas Buddenbrook vor dessen Tod das „große Kapitel" *Ueber den Tod und sein Verhältniß zur Unzerstörbarkeit unsers Wesens an sich* (*Die Welt als Wille und Vorstellung*, 2. Band) lesen.

Der *Schopenhauer*-Essay bekundet, was schon die zitierte Stelle aus dem *Freud*-Essay erkennen ließ: Thomas Mann hat sich zum gründlichen Kenner Schopenhauers gemacht. Die Grundthemen von Schopenhauers Hauptwerk sind im Essay präsent. Aber es bleibt nicht beim bloßen Referieren. Thomas Mann entwirft sein immer noch von Bewunderung zeugendes Bild des Denkers Schopenhauer und seiner Philosophie. *Die Welt als Wille und Vorstellung* ist ihm „ein Phänomen von einem Buch, […] ein Buch, in sich selber ruhend, von sich selbst durchdrungen, sich selber bestätigend", dabei geprägt von dem „Menschen, der es schuf, in seiner machtvollen Dunkelheit und ebenso gewaltigen Helle, seiner tiefen Sinnlichkeit und strengen lauteren Geistigkeit, seiner Leidenschaft und seinem Erlösungsdrange" (S. 111). Thomas Mann spricht Schopenhauer eine „von Natur außerordentliche Beredsamkeit", ein „schriftstellerisches Genie" zu (S. 98), und Schopenhauer erscheint ihm als „ein sowohl mystischer wie auch äußerst moderner und mit Naturwissenschaft genährter Geist" (S. 96), der „als Psycholog des Willens" der „Vater aller modernen Seelenkunde" sei (S. 129). Schopenhauers „Welterklärung aus dem ,Willen', dem Triebe" versteht er als eine „erotische Konzeption der Welt" (S. 116). (Das ermöglicht ihm, Wagners *Tristan und Isolde* so an Schopenhauer heranzurücken, daß der Unterschied der im *Tristan* gestalteten Erlösungsmetaphysik von derjenigen Schopenhauers und damit das Wagner Eigene aus der Sicht gerät.)

Schopenhauer, sagt Thomas Mann, „war notwendig Pessimist, weil er der Philosoph und Psychologe des Willens war. Wille, als Gegenteil ruhenden Genügens, ist an sich selbst etwas fundamental Unseliges" (S. 97). Und: Das „Verhältnis von Intellekt und Wille, die Stipulation Schopenhauers, das der erste nur das dienende Werkzeug des zweiten sei, schließt viel Komik und demütigende Kläglichkeit ein, es beinhaltet die ganze Neigung und Fähigkeit des Menschen, sich etwas vorzumachen und zu wähnen, sein Wille empfange seine Weisungen und Inhalte von seinem Intellekt" (ebd.). Es findet sich bei Schopenhauer „auf gewissen Seiten ein wilder kaustischer Hohn auf das Leben [...]; ein erbarmungsvoll-erbarmungsloses Anprangern, Feststellen, Aufrechnen und Begründen des Weltelends" – und doch ist dies, so empfindet es Thomas Mann, „mit einer seltsam tiefen Genugtuung erfüllend [...] kraft des geistigen Protestes, der in einem unterdrückten Beben der Stimme vernehmbaren Empörung, die sich darin ausdrückt. [...] und bis zum Triumphgefühl fühlen wir alle uns gerächt durch das herrliche Wort" (S. 98 f.). Ja, Thomas Mann entdeckt in Schopenhauer paradoxerweise zugleich den Misanthropen und den „Verehrer des Menschen nach seiner Idee, von stolzer humaner Ehrfurcht erfüllt vor der ‚Krone der Schöpfung', die ihm [...] der Mensch, diese höchste und entwickeltste Objektivation des Willens bedeutet" (S. 122 f.). Es ist „eine humane Ehrfurcht vor der Sendung des Menschen" (S. 124), davor nämlich, daß der Mensch „den großen Irrtum und Fehltritt des Seins rückgängig" machen kann durch „Willensumkehr", weshalb „der Mensch die *geheime Hoffnung* der Welt und aller Kreatur" sei (ebd.).

So sieht Thomas Mann Schopenhauer. Und wie hält er es mit der Wahrheit von Schopenhauers Philosophie? „Es ist dies, worauf es mir ankommt: Die Vereinigung von Pessimismus und Humanität, die geistige Erfahrung, die Schopenhauer gewährt, daß das eine das andere keineswegs ausschließt [...]. Wenig beirrt mich dabei die Frage nach der *Wahrheit* von Schopenhauers Interpretationen" (ebd.). Ein langes Zitat der Reflexion seines Thomas Buddenbrook über den Tod soll „zeigen, daß man im Sinn eines Philosophen denken kann, ohne im geringsten *nach* seinem Sinn zu denken, will sagen: daß man sich seiner Gedanken bedienen – und dabei denken kann, wie er durchaus nicht gedacht haben will" – und speziell auf den Autor der *Buddenbrooks* zurückblickend, fügt Thomas Mann hinzu: „Hier dachte freilich einer, der außer Schopenhauer auch schon Nietzsche gelesen hatte und das eine Erlebnis ins andere hineintrug, die sonderbarste Vermischung mit ihnen anstellte" (S. 115 f.). Wenige Seiten zuvor las man schon: „Daß man, was Schopenhauer sagt, nie wieder vergißt, wird daran liegen, daß es nicht gerade an die Worte gebunden ist, die er dafür braucht, daß man dem Gesagten auch andere Worte unterlegen könnte – und doch würde ein Gefühlskern, ein Wahrheitserlebnis bleiben, [...] so richtig, wie ich es sonst in der Philosophie nicht gefunden habe" (S. 112). In diesem Sinne ist Schopenhauer in vielen Werken und Gestalten Thomas Manns präsent.

Charakteristisch für Schopenhauers Philosophie ist nach Thomas Mann: Sie „ist immer als hervorragend künstlerisch, ja als Künstlerphilosophie par excellence empfunden worden. Nicht [...] weil ihre Komposition von so vollendeter Klarheit, Durchsichtigkeit, Geschlossenheit, ihr Vortrag von einer Kraft, Eleganz, Treffsicherheit, einem leidenschaftlichen Witz, einer klassischen Reinheit und großartig heiteren Strenge des Sprachstils ist, wie dergleichen nie vorher in deutscher Philosophie gewahrt worden war: dies alles ist nur ‚Erscheinung', der notwendige und angeborne Schönheitsausdruck nur für das Wesen, die innerste Natur dieses Denkertums, eine spannungsvolle, emotionale, zwischen heftigen Kontrasten, Trieb und Geist, Leidenschaft und Erlösung spielende, kurzum dynamisch-künstlerische Natur [...]. So kommt es, daß diese Philosophie ganz vorzugsweise unter Künstlern und Eingeweihten der Kunst ihre Bewunderer, Zeugen, enthusiastischen Bekenner gefunden hat" (S. 88 f.). Thomas Mann nennt Tolstoi, Richard Wagner und Nietzsche als Beispiele. (Tatsächlich ist Schopenhauer „vorzugsweise", nämlich in großer Zahl, von bedeutenden Verfassern literarischer Werke rezipiert worden, und das im 19. und 20. Jahrhundert und in vielen europäischen Ländern. Diesbezüglich muß ich es bei den Literaturhinweisen zu diesem Abschnitt belassen.) Daß nach Thomas Manns Auffassung Schopenhauers Hauptwerk die Züge des Menschen trägt, der es geschrieben hat, bringt er auch so auf den Punkt: Es handelt sich um „eine *künstlerische* Weltkonzeption, an welcher nicht bloß der Kopf, sondern der ganze Mensch mit Herz und Sinn, mit Leib und Seele beteiligt ist" (S. 88).

Literaturhinweise zum Weiterlesen

Quellen

Arthur Schopenhauer, *Zürcher Ausgabe, Werke in zehn Bänden*, Zürich 1977. Dazu die Angabe auf den Titelseiten der Bände: „Der Text folgt der historisch-kritischen Ausgabe von Arthur Hübscher (3. Auflage, Brockhaus, Wiesbaden 1972)". Nach dieser Ausgabe wurde hier zitiert (die Zahl vor dem Komma verweist auf den jeweiligen Band der Ausgabe, die Zahl nach dem Komma auf die Seite; zu beachten ist, daß der erste und zweite Band der Ausgabe Teilbände von *Die Welt als Wille und Vorstellung, Erster Band* sind, wie denn entsprechend der dritte und vierte Band der Ausgabe Teilbände von *Die Welt als Wille und Vorstellung, Zweiter Band* sind). Schopenhauers Schrift *Ueber das Sehn und die Farben* ist in die *Zürcher Ausgabe* nicht aufgenommen worden. Man findet sie etwa in Band 3 der Ausgabe: Arthur Schopenhauer, *Sämtliche Werke*, textkritisch bearbeitet und hrsg. von Wolfgang Freiherr von Löhneysen, 2. überprüfte Auflage Darmstadt 1968. Wer seine Studien auf den Nachlaß Schopenhauers ausdehnen möchte, sei verwiesen auf die am Schluß dieser Literaturhinweise angegebene Bibliographie und auf die Literaturverzeichnisse in Safranski 1987 (siehe diese Literaturhinweise, bei I), Malter 1991 (siehe bei II) oder Spierling 1994 (siehe bei II).

Interessante Quellen sind auch: Arthur Schopenhauer, *Gesammelte Briefe*, hrsg. von Arthur Hübscher, Bonn 1978 (zitiert als: *Briefe*). Ferner: Arthur Schopenhauer, *Gespräche*. Neue, stark erweiterte Ausgabe, hrsg. von Arthur Hübscher, Stuttgart-Bad Cannstatt 1971 (zitiert als: *Gespräche*).

Weitere Literatur

Zu I

Helmuth von Glasenapp, *Das Indienbild deutscher Denker*, Stuttgart 1960, Kapitel 7. – Walter Abendroth, *Arthur Schopenhauer in Selbstzeugnissen und Bilddokumenten*, Reinbek bei Hamburg 1967. – Ludger Lütkehaus, *Schopenhauer. Metaphysischer Pessimismus und „soziale Frage"*, Bonn 1980. – Arthur Hübscher, *Denker gegen den Strom. Schopenhauer: gestern – heute – morgen*, 2. Auflage Bonn 1982 (die 1. Auflage erschien 1973). – Weimer 1982 (siehe bei II). – Magee 1983 und 1997 (siehe bei II, 1983). – Alfred Schmidt, *Die Wahrheit im Gewande der Lüge. Schopenhauers Religionsphilosophie*, München–Zürich 1986. – Rüdiger Safranski, *Schopenhauer und Die wilden Jahre der Philosophie. Eine Biographie*, München–Wien 1987. – Arthur Hübscher, *Arthur Schopenhauer. Ein Lebensbild*, 3. Auflage Mannheim 1988 (die 1. Auflage erschien 1937). – Malter 1988 (siehe bei II). – Alfred Schmidt, *Idee und Weltwille. Schopenhauer als Kritiker Hegels*, München–Wien 1988. – Friedhelm Decher, *Schopenhauer und Fichtes Schrift „Die Bestimmung des Menschen"*, in: Schopenhauer-Jahrbuch 71 (1990) 45–67. – Wolfgang Müller-Lauter, *Das Verhältnis des intelligiblen zum empirischen Charakter bei Kant, Schelling und Schopenhauer*, in: Kategorien der Existenz. Festschrift für Wolfgang Janke, hrsg. von Klaus Held und Jochem Hennigfeld, Würzburg 1993, 31–60. – Spierling 1994 (siehe bei II). – Zentner 1995 (siehe bei III, Zu Freud), Kapitel 1 und 7.2. – Werner Scholz, *Arthur Schopenhauer – ein Philosoph zwischen westlicher und östlicher Tradition*, Frankfurt a. M.–Berlin usw. 1996. – Urs App, *Schopenhauers Begegnung mit dem Buddhismus*, in: Schopenhauer-Jahrbuch 79 (1998) 35–56. – Birnbacher 1998 (siehe bei II).

Zur frühen Wirkungsgeschichte sind auch zu beachten die Angaben unten: Zu III/Allgemein.

Zu II

In der Schopenhauer-Studie seines Buches *Drei Studien über Materialismus – Schopenhauer. Horkheimer. Glücksproblem* (München–Wien 1977) untersucht **Alfred Schmidt** das Verhältnis von Idealismus und Materialismus in Schopenhauers Philosophie, auch Schopenhauers erkenntnistheoretische Vorbehalte gegen den Materialismus. Schmidt hält eine enge Verbindung von Schopenhauers materialistischen Gedanken mit dem Pessimismus seiner Metaphysik für gegeben. Naturgemäß steht in dieser Abhandlung Schopenhauers Verständnis von Materie im Zentrum des Interesses. Im Zusammenhang damit wird seine Erkenntnislehre kritisch durchleuchtet.

Wolfgang Weimer gibt in seiner Schrift *Schopenhauer* (Darmstadt 1982) einen Überblick über Schopenhauers Denken. Er schlägt durchaus auch kritische Töne an. In Teil I werden Schopenhauers Kritik an Kant sowie an Fichte dargestellt. Schopenhauers Einschätzung von Geschichtsbewußtsein und Geschichtswissenschaft kommt S. 93–98 zur Sprache.

Von **Bryan Magee** erschien *The Philosophy of Schopenhauer* (Oxford–New York 1983, revised and enlarged edition Oxford–New York 1997). Der Autor versteht seine umfangreiche Schrift (400 bzw. 465 Seiten) als Einführung. Sie ist breit angelegt, ohne weitschweifig zu sein, und stützt sich besonders auf die beiden Bände von *Die Welt als Wille und Vorstellung,* auch auf Schopenhauers Dissertation und die ethischen Preisschriften. (In der erweiterten Auflage ist ein Kapitel über die *Parerga und Paralipomena* hinzugekommen.) Schopenhauers System wird sorgfältig und klar dargestellt, wobei Magee eigene Überlegungen einfließen läßt. Manche Gedanken Schopenhauers erscheinen bei Magee als aktuell oder wissenschaftliche Ergebnisse und philosophische Überlegungen des 20. Jahrhunderts vorwegnehmend. Seine Darstellung ist über weite Strecken affirmativ. Fast überrascht es daher, wie intensiv und klarsichtig er im 10. Kapitel ungelöste Grundprobleme Schopenhauers herausarbeitet. Er schließt das Kapitel jedoch mit den Bemerkungen, daß die Werke großer Philosophen sich nicht durch das Nichtvorhandensein großer Fehler, sondern durch das Vorhandensein großer Einsichten auszeichnen und daß er selbst sich Schopenhauer in unaussprechlichem Maß für gewonnene Einsichten verpflichtet weiß.

Von **Rudolf Malter** sollen hier zwei Schriften genannt werden. Zunächst: *Der eine Gedanke. Hinführung zur Philosophie Arthur Schopenhauers* (Darmstadt 1988). Der ‚eine Gedanke‘, auf den der Titel deutet, besagt in Schopenhauers Formulierung: „Die Welt ist die Selbsterkenntnis des Willens" (S. IX und 32); freilich ist dieser eine Gedanke „doch nur in mannigfacher Brechung gegenwärtig" (S. IX). Malters „Hinführung" geht im 1. Teil (S. 4 ff.) auf Schopenhauers „Frühphilosophie" ein. Im 2. Teil gibt Malter einen konzentrierten, zuverlässigen Abriß des 1. Bandes von *Die Welt als Wille und Vorstellung* (S. 27–101) und sodann eine „Abschließende Charakteristik: Pessimismus – ein kritischer Begriff" (S. 102–115); Pessimismus wird hier verstanden als „ein wertender Begriff: er redet von richtigem und falschem Begreifen der konkret dem Menschen gegebenen Erfahrung" (S. 103) – wer richtig begreift, urteilt, „daß Seiendes, obwohl es ist, nicht sein soll" (S. 104), und so ergibt sich: „Pessimismus ist die Haltung, die der Weltentsagende gegenüber der Welt einnimmt" (S. 115) – eine positive Haltung, die von den Weltzugewandten freilich nicht als solche verstanden wird. Der 3. Teil von Malters „Hinführung" behandelt kurz die „ergänzenden Schriften" Schopenhauers (S. 116–128). In seiner Schlußbetrachtung erklärt Malter, die „Aporien, Bruchstellen, Dunkelheiten" in Schopenhauers

Werk seien „nicht zu leugnen, aber auch nicht kleinlich zu tadeln" (S. 131). In der „Vorbemerkung" hatte er schon mitgeteilt, er berücksichtige in diesem Buch „nur am Rande die Schwierigkeiten, die die Schopenhauersche Philosophie enthält" (S. IX). Anders verhält es sich in seiner drei Jahre später erschienenen, 476 Seiten umfassenden, sehr wohl auch kritischen Schrift *Arthur Schopenhauer. Transzendentalphilosophie und Metaphysik des Willens* (Stuttgart-Bad Cannstatt 1991). Dieses anspruchsvolle Werk der Forschungsliteratur bezieht das Gesamtwerk Schopenhauers (einschließlich der Philosophischen Vorlesungen und des übrigen handschriftlichen Nachlasses) ein. In Form von Verweisen ist eine außerordentliche Fülle von Sekundärliteratur verarbeitet. Die klare Gliederung des Buches spiegelt sich in dem detaillierten Inhaltsverzeichnis. Malter ist trotz Schopenhauers Aporien (vgl. S. 16) von der „Aktualität Schopenhauers für das produktive Philosophieren – das ‚Selberdenken'" überzeugt (S. 15). Ziel der neuen Metaphysik Schopenhauers ist eine philosophische Soteriologie. Malter sieht Schopenhauers System in Bewegung auf dieses Ziel hin. Der Weg führt durch mehrere Krisen, die sich aus dem Spannungsverhältnis von Transzendentalismus und Wasfrage bzw. Willensmetaphysik ergeben. Er mündet in einen ‚Transzendentalismus des Wesens' als ‚die wahre Soteriologie' (S. 295). Im abschließenden Kapitel („Rückschau und Ausblick") thematisiert Malter dann die „soteriologische Aporie" Schopenhauers (S. 438 ff.).

Einführenden Charakter hat die 272 Seiten umfassende Schrift von **Volker Spierling**: *Arthur Schopenhauer. Philosophie als Kunst und Erkenntnis* (Frankfurt a. M. 1994; dasselbe unter dem Titel *Arthur Schopenhauer. Eine Einführung in Leben und Werk*, Leipzig 1998). Spierling gibt, wie er selbst (S. 9) schreibt, eine „Darstellung des Gesamtwerks, die sich auf sämtliche Schriften Schopenhauers bezieht, einschließlich der Briefe und des vollständigen Nachlasses" (d. h. auch der Philosophischen Vorlesungen Schopenhauers). In seinem informativen, verständlich geschriebenen

Buch arbeitet Spierling u. a. die materialistische Komponente im Denken Schopenhauers heraus. Den Schwierigkeiten, die diese für Schopenhauers Grundansatz zur Folge hat, versucht Spierling besonders in seinem Schlußkapitel beizukommen. Dort erklärt er, „daß die Philosophie Schopenhauers *im ganzen* ambivalent, ja, von einer eigentümlichen Widersprüchlichkeit ist", aber auch, „daß diese durchgängige, schwer zu vermittelnde Zweideutigkeit begründet ist und einer eingeschriebenen, impliziten Logik folgt" (S. 223); er sieht Schopenhauer eine „Selbstberichtigungsmethode" anwenden (S. 232) und findet „drei grundlegende Standpunktwechsel […], die systematisch aufeinander aufbauen" (S. 225, dazu der Fortgang S. 225 ff.). Von hier aus läßt sich nach Spierlings Auffassung „die in der Sekundärliteratur häufig beanstandete *Widersprüchlichkeit* Schopenhauers […] in ihrer konstitutiven Bedeutung neu überdenken" (S. 239). – Im 7. Kapitel thematisiert Spierling die „Aphorismen zur Lebensweisheit".

Dieter Birnbacher hat mit seinem Beitrag *Arthur Schopenhauer. Wille und Weltverneinung* für die Präsenz Schopenhauers in dem Sammelband *Philosophen des 19. Jahrhunderts. Eine Einführung* (hrsg. von Margot Fleischer und Jochem Hennigfeld, Darmstadt 1998) gesorgt. Auf engem Raum (S. 123–143) führt er prägnant und klar in Schopenhauers Gedankenwelt ein, dabei durchaus besondere Akzente setzend. Als neuartig wird Schopenhauers Auffassung von Philosophie herausgestellt (immanente Metaphysik bzw. Metaphysik als Erfahrungswissenschaft), und die Frage wird erörtert, ob man bei Schopenhauer einen „metaphysischen Materialismus" antrifft (S. 129). Jedenfalls sieht Birnbacher es als Fortschritt an, daß bei Schopenhauer „aus der Kantischen Transzendentalphilosophie eine ‚naturalisierte' Erkenntnistheorie" wird (S. 130). Der Hochschätzung der Vernunft begegnet Schopenhauer mit einer ‚Entlarvungspsychologie' und ‚Ideologiekritik', „womit er nicht nur die glanzvolle Tradition der französischen Moralisten fortsetzt, sondern auch zahlreiche Einzeldiagnosen Nietzsches und Freuds vorwegnimmt" (S. 134). Den Pessimismus Schopenhauers vermag Birnbacher nicht ganz ernst zu nehmen (vgl. S. 137). Schließlich diagnostiziert er eine „gewisse Doppelgesichtigkeit" der Schopenhauerischen Philosophie (S. 141 f.).

Zu III

Allgemein: Dokumente zur Wirkungsgeschichte bietet der Band *Über Arthur Schopenhauer*, hrsg. von Gerd Haffmans, 2., erweiterte Auflage Zürich 1978. Er enthält sechs Essays über Schopenhauer, u. a. die herangezogenen von Nietzsche und Thomas Mann und einen erwähnten von Horkheimer, sowie zahlreiche „Zeugnisse" von Jean Paul und Grillparzer bis zu neueren Autoren wie etwa Dürrenmatt und Thomas Bernhard. – „Studien zum Stand der Schopenhauer-Forschung" (so der Untertitel) legt die Festschrift für Arthur Hübscher zum 85. Geburtstag vor unter dem Titel *Zeit der Ernte*, hrsg. von Wolfgang Schirmacher, Stuttgart-Bad Cannstatt 1982. – *Materialien zu Schopenhauers „Die Welt als Wille und Vorstellung"* finden sich in dem unter diesem Titel erschienenen Band, hrsg., kommentiert und eingeleitet von Volker Spierling, Frankfurt a. M. 1984. Im ‚historischen Teil' sind u. a. drei frühe Rezensionen des Werkes und zwei frühe Preisschriften über Schopenhauer abgedruckt; ‚im systematischen Teil' kommen zu drei Themenkomplexen vor allem (ältere und neuere) Forscher zu Wort. – Der Band *Schopenhauer*, hrsg. von Jörg Salaquarda, Darmstadt 1985, vereinigt unter den drei Überschriften „Werk und Wirkung", „Die großen ‚Schüler'" und „Beispiele heutiger Schopenhauer-Rezeption" Aufsätze aus den Jahren 1938 bis 1982.

Für die Darstellung der Wirkungsgeschichte ist zu verweisen auf: von Glasenapp 1960 (siehe bei I). – Magee 1983 (siehe bei II), Appendix 2; sowie derselbe, 2. Auflage 1997 (siehe bei II, 1983), Kapitel 20.

Zu Wagner: Hans Mayer, *Wagner*, Hamburg 1959 (zu den Schopenhauer-Passagen siehe das Namenregister Mayers). – Bernhard Sorg, *Zur literarischen Schopenhauer-Rezeption im 19. Jahrhundert*, Heidelberg 1975, Kapitel 3. – Margot Fleischer, *Philosophische Aspekte von Wagners „Tristan und Isolde"*, in: Perspektiven der Philosophie 8 (1982), besonders Teil II = S. 149–161. – Hübscher 1982 (siehe bei I), Anhang I. – Magee 1983 (siehe bei II), Appendix 6. –

Zu Nietzsche: Friedhelm Decher, *Wille zum Leben – Wille zur Macht. Eine Untersuchung zu Schopenhauer und Nietzsche*, Würzburg–Amsterdam 1984. – Margot Fleischer, *Dionysos als Ding an sich. Der Anfang von Nietzsches Philosophie in der ästhetischen Metaphysik der „Geburt der Tragödie"*, in: Nietzsche-Studien 17 (1988) 74–90. – Georges Goedert, *Nietzsche der Überwinder Schopenhauers und des Mitleids,* Würzburg–Amsterdam 1988. –

Zu Scheler: Hübscher 1982 (siehe bei I), S. 264 f. – Patrick Gorevan, *Scheler's Response To Schopenhauer,* in: Schopenhauer-Jahrbuch 77 (1996) 167–179. –

Zu Wittgenstein: Magee 1983 (siehe bei II), Appendix 3. –

Zu Horkheimer: Alfred Schmidt 1977 (siehe bei II), 2. Studie. – Von Horkheimer selbst: *Die Aktualität Schopenhauers* im Sammelband *Über Arthur Schopenhauer* (siehe bei III/Allgemein), sowie: *Schopenhauers Denken im Verhältnis zu Wissenschaft und Religion* im Sammelband *Schopenhauer* (siehe bei III/Allgemein). –

Zu Freud: Marcel Zentner, *Die Flucht ins Vergessen. Die Anfänge der Psychoanalyse Freuds bei Schopenhauer,* Darmstadt 1995, Kapitel 6 und 7.1. –

Zu Thomas Mann: Børge Kristiansen, *Thomas Manns Schopenhauer-Rezeption,* in: *Thomas-Mann-Handbuch,* hrsg. von Helmut Koopmann, Stuttgart 1990, S. 276–282. Literaturangaben ebd. S. 282 f. – Von Thomas Mann selbst: *Schopenhauer* im Sammelband *Über Arthur Schopenhauer* (siehe bei III/Allgemein).

Zu anderen Verfassern literarischer Werke: Sorg 1975 (siehe oben, Zu Wagner), Kapitel 4 über Wilhelm Busch, Kapitel 5 über Wilhelm Raabe. – Joachim T. Baer, *Arthur Schopenhauer und die russische Literatur des späten 19. und frühen 20. Jahrhunderts*, München 1980. – Hübscher 1982 (siehe bei I), S. 241–243 (primär eine Aufzählung), ferner Anhang II über Fontane (nicht sehr ergiebig). – Magee 1983 (siehe bei II), Appendix 7 (darin u. a. zu Tolstoi, Turgenjew, Zola, Maupassant, Proust, Hardy, Conrad) und Appendix 8 (*A Conjecture about Dylan Thomas*).

Bibliographie

Arthur Hübscher, *Schopenhauer-Bibliographie*, Stuttgart-Bad Cannstatt 1981. Für die Zeit ab 1981 sei hingewiesen auf die bibliographischen Angaben, die regelmäßig im *Schopenhauer-Jahrbuch* (1912 begründet von Paul Deussen, 1937–1983 geleitet von Arthur Hübscher; nunmehr hrsg. von Heinz Gerd Ingenkamp, Dieter Birnbacher und Lutz Baumann, erscheinend in Würzburg) zu finden sind.

Index

Menschen und Ideen, die unsere Welt verändert haben

Susanne Möbuß
Sartre
Band 4880

Klaus Mainzer
Hawking
Band 4879

Patrick Gardiner
Kierkegaard
Band 4848

Wilhelm Geerlings
Augustinus
Band 4765

Thomas Buchheim
Aristoteles
Band 4764

Martin Gessmann
Hegel
Band 4763

Klaus Fischer
Einstein
Band 4762

Michael Bordt
Platon
Band 4761

Vittorio Hösle / Christian Illies
Darwin
Band 4760

Anthony Stevens
C. G. Jung
Band 4759

Tom Sorell
Descartes
Band 4756

Ernstpeter Maurer
Luther
Band 4754

HERDER / SPEKTRUM

Anthony Kenny
Thomas von Aquin
Band 4744

C. C. W. Taylor
Sokrates
Band 4743

Richard Tuck
Hobbes
Band 4742

Stillman Drake
Galilei
Band 4741

Michael Tanner
Nietzsche
Band 4740

A. C. Grayling
Wittgenstein
Band 4739

Roger Scruton
Kant
Band 4738

Anthony Storr
Freud
Band 4737

Michael Inwood
Heidegger
Band 4736

Robert Wokler
Rousseau
Band 4735

Iring Fetscher
Marx
Band 4728

HERDER / SPEKTRUM